日本を翻弄《ほんろう》した中国人
中国人に騙《だま》された日本人

渡辺 望

ビジネス社

まえがき

巷《ちまた》の書店には「中国が崩壊する」「中国はいずれ消滅する」というテーマの本がたくさん出まわっている。それらの本を読むと、政治・経済・人口問題など個別問題についての分析は見事なものばかりで、中国問題の専門家ではない私でも、二十一世紀の中国というのは相当の暗雲が立ち込めていることがよくわかる。

しかし「崩壊」とか「消滅」とかというと、「果たしてそうなのか？」と思う気持ちを感じることも確かである。優れたチャイナウォッチャーの間でも「崩壊する・しない」「なくなる・なくならない」という議論が交わされていることがよくある。私は中国問題の研究会・勉強会の場でそういう議論対立を何度となく目撃した。

不思議なことに、「崩壊する」という結論の持ち主と「崩壊しない」という結論の持ち主の間では、結論が違うだけで、現実の中国で起きている事象や事件についての分析はほとんど同じなのだ。どうも「崩壊」や「なくなる」の意味についての捉《とら》え方が違うのである。私はこの違いをとても興味深いものだと思う。

日本人の多数派の傾向に逆らうことなく、自分は少年時代、漫画や小説で『三国志演義』を愛読し、その登場人物に胸をときめかした。私は物語に心を奪われるあまり、『三国志演義』の時代は、日本の戦国時代のようなもので、混乱はしていたけれども、中国人が華々しく活躍していた時代だったと考えていた。この自分の思い込みを正しくしてくれたのが、岡田英弘氏の『倭国』（中公新書）だった。

三国時代の中国の混乱は想像を絶するもので、中国全土の人口はわずかのうちに約十分の一に激減し、漢民族の存続さえ危ぶまれるような状態だった。その大混乱の中で、あのような華々しい歴史人間劇が展開されているのである。この三国時代ばかりでない。古代中国は混乱のたびに中国の人口が数分の一に減少し、繁栄期には膨張してもとに戻るということが繰り返されたと岡田氏の著作は伝えている。

我が日本の歴史にも混乱はたくさんあった。しかし人口全体がいきなり十分の一とか数分の一になってしまうようなレベルの大変動は有史以来、一度たりともなかった。もしそんな大変動が自分の民族、国家に訪れることが予想されたら、日本人はその予想を「日本の崩壊」「日本の消滅」と絶望的に名づけるだろう。あるいは他国にそんな大変動が起きたら、やはり「崩壊」や「消滅」という表現をするに違いない。

しかしそういう感性は、中国人には皆無と言ってよい。ある意味で中国人は「崩壊」や「消滅」に慣れっこなのだ。人命をどうとも思わないことは言うまでもない。ただ捉え方の違いの問題で、日本のチャイナウォッチャーの「結論」が対立するというようなこともありうるのだ。崩壊的現象を前にして、「中国は崩壊する」というのは日本人の常識的な感性による表現で、「中国は崩壊しない」というのは伝統的中国人からすればそういえる話だ、という違いである。

「崩壊」「消滅」という基本的ワードでさえ、日本人と中国人の間には無限といってよいほどの解釈の距離があるのだ。「もしかしたら中国人は日本人とは何もかもが違うのではないか」ということから日本人は考えを始めなければならない。しかしそのような精神段階に至るまでの時間はあまりにも長いものだった。とりわけ十九世紀末から二十世紀の日本は、中国人への無知がゆえに、日本人はさんざんな目に遭った。

そんな歴史を回顧することは日本人にとって苦いことだ。しかしこれからの日本にとって何より必要なことである。その歴史回顧の中で探求されるべきは、「いかにして」ということではないかと思う。本書はこの「いかにして」の部分の指摘にかなりの力点をおいたつもりである。数多くの日中近代史の悲劇の中で、「いかにして」日本人は中国人に対して、無理解を生じ、その無理解を維持し、無理解を利用されてしまったのだろうか。

その探求を深めるためには日本人の教養の在り方を問う、というような荒療治も本書でおこなっている。たとえば私のように、背後の歴史的大混乱に気づくことなく『三国志演義』の物語世界にのめり込み、三国時代と日本の戦国時代を近しいかのように捉えてしまう。歴史学だけでなく学問全般にわたっておこなってきた日本人が古来、営んできたこのような知的比喩《ひゆ》の積み重ねが、いつのまにか日本人の心の中に、容易には消しがたい「中国」の幻影をつくりだしてきたことは否定できない。

中国を非難するよりもまず、自分たちの中にある「中国」なるものを自戒しなければならないのだ。そのことを忘れれば、近未来、ふたたび日本は自身の無理解を中国に利用されることになるだろう。本書は中国批判の書でなく、歴史を通して、日本人の側に自己反省を迫る書であると理解していただければ幸いである。

渡辺　望

第二章

「反日」の源流をつくり上げた孫文と蔣介石

第三章

実現不可能な幻想としての満州

第四章 毛沢東に取り込まれた日本人たち

序章

日本人と老子

老子
（生没年不詳）

夏目漱石は老子の影響を大きく受けた

日本人は古来、老荘《ろうそう》の思想が大好きだった。とりわけ老荘の祖である老子《ろうし》の存在への好感はとても強いものがある。

「孔子《こうし》や孟子《もうし》が説く儒教・儒学は堅苦しくて好きになれないが、老子のいう隠者の道、自由な精神は気が楽だ」「世捨て人、天邪鬼《あまのじゃく》な生き方を老子は許してくれる」……若い人でもそんなふうに言う老子好きがいたりして驚くことがある。日本人の中から老子嫌いをさがすのは逆にむずかしいくらいなのだ。かく言う私も十代の頃から大好きであり、打ちひしがれていたときなどに、『老子』(『老子道徳経』)をパラパラと飛ばし読みするだけで、気持ちがみるみる晴れ晴れとしてくる。

よく知られているように、老子はその実在性が謎めいている人物である。孔子や孟子などは活躍の詳細まで明らかになっており、老荘思想の後継の荘子《そうし》にしても実在自体は確認されている。それに比べると老子の人生的足跡はわからないことだらけである。

人名辞典を引くと、紀元前六世紀頃に実在したと記されている場合が多い。しかしその通りに老子の実在の可能性を信じている歴史家はほとんどいないであろう。何しろ、『史記《しき》』を記した紀元前一世紀の司馬遷《しばせん》でさえ、老子の実在について、すでに諸説わかれてしまっていると指摘しているほどである。

だがその歴史的存在の不明ぶりが、隠者の道・自由な精神という老子思想と合致し、日本人にとって老子の存在感をいっそう魅力的なものにしてきた、とも言えるだろう。

「隠者」とは、明瞭《めいりょう》な存在であってはならないのだ。つかみどころのないことで、日本人の感性の中で老子は秘密のヴェールを背負うことでどんどん大きなものになっていった。歴史上の多くの日本の知識人が、老子のそんな存在の大きさに憧《あこが》れて、多くの書を記してきた。

たとえば夏目漱石《そうせき》である。

夏目漱石の漢文好きはたいへんなもので、漢文のほぼ全分野を十代にして読みこなしていた。あまりの漢文好きが嵩《こう》じて、外国語の勉強を疎《おろそ》かにするなと兄に叱られたり、漢文の専門校であった二松学舎に一時期、籍をおいたこともあるほどであった。そんな漱石は、漢文の中でもとりわけ老荘思想、老子に耽溺《たんでき》した。多くの批評家が、漱石における老子の影響について指摘している。

次は『草枕《くさまくら》』の有名な冒頭である。漱石はこの涼《すず》やかな文章を書きながら、自身の窮屈な都市生活を嫌い、田園生活の静かさに思いを馳《は》せ、自身が少年の頃からこよなく愛した隠者・老子に成りきっていたに違いない。

……山路《やまみち》を登りながら、こう考えた。

智に働けば角《かど》が立つ。情《じょう》に棹《さお》させば流される。意地を通せば窮屈だ。とかくに人の世は住みにくい。（中略）

喜びの深きとき憂《うれい》いよいよ深く、楽みの大いなるほど苦しみも大きい。これを切り放そうとすると身が持てぬ。片づけようとすれば世が立たぬ。金は大事だ、大事なものが殖《ふ》えれば寝る間も心配だろう。恋はうれしい、嬉《うれ》しい恋が積もれば、恋をせぬ昔がかえって恋しかろ。

漱石は学生時代に「老子の哲学」という論文をしたためたこともある。そして人生をまもなく終えようとしている四十九歳には、「大愚難到志難成、五十春秋瞬息程（大愚到り難く志成り難し、五十の春秋、瞬息の程）……」と始まる老荘的な漢詩を記している。

アウトサイダーの負い目を終生背負って生きた漱石にとって、老荘とりわけ老子の思想は、自分の精神に糧《かて》を最初から最後まで与え続けてくれるものに他ならなかったのだ。漱石はほんの一例に過ぎない。

他にもやはりアウトサイダー的芸術家であった松尾芭蕉《ばしょう》の有名な句「古池や　蛙《かわず》飛び込む水の音」を、愛読していた老子の一節、「上善如水」に結びつけることは容易《たやす》い。

老子の影響は芸術家だけではない。

終戦時の名宰相・鈴木貫太郎は終戦工作の困難の日々、『老子』の読書を欠かさなかったという。物理学者・湯川秀樹は「『老子』が物理学者のために書かれたと考えるのはおかしなことであろう。それなのに私は何故いつまでも、この本にひかれるのであろうか」と書き残している。

隠者、自由、アウトサイダー、逆説、謎めいた存在、そういったものに満ちた老子は、あらゆる階層の日本人と切っても切れない関係をもち続けてきたのである。老子へのアプローチは、日本人にとっての精神的財産の一つだったと言っても過言でないだろう。

虚構としての中国

だがこうした老子の日本人への圧倒的な影響は、現実の中国・中国人へのリアリズムを約束するものではない。

漢文的素養は、「漢文」という、日本語でも中国語でもない世界の中で培われた日本人にとっての中国受容の一つの形であって、それ以下でも以上のものではない。漢文の訓読み化という日本人の「発明」が日本人の漢文好きにさらに拍車をかけた。漢文的素養は非常に大事である。しかし日本人が素養としてきた漢文とは中国語そのものではないし、中国人社会の生々しい現実を知ることにもほとんど役にたたない。

そのことは老荘思想、老子の世界にも当てはまる。漱石や芭蕉たち伝統的日本人は、「教養としての老子・老荘」を培ってきたに過ぎない。「現実の中国」の中にある『老子』の本当の姿を知るためには、漢文的素養からいったん離れて『老子』という書物のことを考えなければならないのである。

たとえば加地伸行氏の「老子の実像」(『老子の世界』新人物往来社)という、たいへん優れた論考がある。この論考は、日本人によって記された老子論でも最高傑作の一つではないかと私は思う。

まず加地氏は『老子』という書物を書いた人間が「歴史上のどの有名人であるか」という月並みな推察に関心をもたない。問題とすべきは、『老子』を記した知識人をいったん「無名の人物」とし、この人物がいかなる階級、いかなる環境にある人物だったかを、老子唯一の著作である『老子』の言葉から推論することなのだという。

加地氏の分析によると、隠遁《いんとん》して田園生活を送る人間の精神を説く『老子』の言葉の中に、農民の生活感情を表現する単語がほとんどといってよいほどに見られない。農村や田園をリアルに伝える言葉自体が不在なのである。またきわめて意外なのは、他人の優越に対して、自分の孤独や不幸な境遇を嘆く愚痴のような言葉が多用されている点である。

つまり『老子』は多数の人間が密集していたところで生まれた思想だと推測できる。すると『老子』の著者は、都市で生活していた庶民なのだろうか？

しかし、都市の庶民である商工業生活に関しての喩《たと》え話も単語も出てこない。『老子』の著者は、田園生活の晴耕雨読の人間でもないし、都市で商売や工業に勤《いそ》しむ人間でもないことになる。加地氏は、ここで『老子』と「軍事理論」という意外な関係性を指摘する。

老子と軍事の関係を言うと、「兵は不祥の器なり」（『老子』三十一章）の言葉が有名である。老子は古代世界にあって穏当な平和主義者という指摘がなされることが多い。隠者は戦争を嫌うに違いないと考えるわけだ。しかし「兵は不祥の器なり」とは、これは戦争の悲惨さに関しての一般的見解を述べただけで、同様の見解は孔子や孟子の思想にも出てくる一般論に過ぎない。

実は『老子』には、兵器を使うときは「恬淡《てんたん》なりを上と為す。勝ちても美《ほ》めず」（無欲に兵器を使うべきである）、また「それ人を殺すを楽しむ者は、則ちもって天下に志を得べからず」（戦闘においてむやみに殺戮《さつりく》を増やすようでは、諸戦闘には勝利することはできても天下は平定できない）、「天の道は、争わずして善く勝つ」（天下平定の道は、戦争を避けて勝利するのが上策である）などと、次から次へと軍事的指導の格言を意味する言葉が現れる。これは孔子や孟子にはほとんどみられないどころか、後輩である荘子にもみられない傾向である。

さらに、官職名や仕事名が全編にわたって出てこない『老子』にあって、「偏将軍」「上将軍」という軍官職の名前が比喩《ひゆ》として記されている点もきわめて重要である。『老子』を書いた人物にとって、「将軍」が最も身近な役職だったのだ。こうして『老子』が、儒学の反対思想や荘子の思想の先鞭《せんべん》という位置づけではなく、むしろ『孫子《そんし》』の兵家思想に近い性格だという結論が出てくる。

そして『老子』の死生観についても、『老子』は「死そのもの」を常に説明する。これは古代から現代に至る中国人の「日常的な死の意味＝宗族の死」に『老子』の作者が関心をもっていなかったことを意味している。『老子』の著者が戦争における突然の死＝「死そのもの」に常に身近だったからこそ考えることのできた死生観ではないか、と加地氏は言う。けだし見事な指摘と言うべきだろう。

以上のことから、加地氏は『老子』を書いた「無名の人物」の正体について、次のように結論づける。


……以上述べてきたように、『老子』を読んで私が抱く老子の実像としてのイメージとは、軍事経験豊かであり、それを政治に生かそうとした教養ある貴族、というところである。

「老子の実像」加地伸行（『老子の世界』所収）

日本人が思い描く「老子」は中国のどこにもいない

軍事に長《た》け、都市生活と政治的生活に終生親しんだ貴族と、自然と農耕を愛し、田園生活の中で無為自然を説いた隠者。加地氏が冷静に分析する老子と、漱石が心地よく夢想する老子とは、何とかけ離れたものなのだろうか。

加地氏の説く「現実の中国」からの老子像をさらに補強する歴史的事実はたくさんある。たとえば戦乱のたびに大量虐殺や宗族皆殺し、人口激減を繰り返す中華文明において、「隠遁《いんとん》」や「隠居」は、私たち日本人が考えるよりはるかに困難なものだった。竹林七賢《ちくりんしちけん》のようによほど限られた時代の限られた地域にのみ隠遁や隠居は可能だった。「世を隠れて生きる老子」を住まわせる余裕が中国の世界にはそもそもなかったのだ。

私たち日本人にとっての「老子」はどうやら幻であった。しかし、漱石や芭蕉、鈴木貫太郎や湯川秀樹ら老子信奉者の先人が無知かと言えばまったくそうではない。「教養」とは現在に生きる人間の内面を充実させるためのもの以上でも以下でもない。客観性は「教養」の条件ではない。たとえば自然の偉大さを称える詩があって、その詩の内容が客観科学の自然認識からかけ離れた荒唐無稽《こうとうむけい》なものであっても、教養になる資格を充分にもつ。

神話や伝説に関しても同じである。文明間や時代間にあって、史実からずれていくような知識や解釈でも、それが美しい教養、生きるための知恵になるということはたくさんある。それは日本と中国の文明間にあっても同じである。私たちの考える「老子」が「教養としての中国」の世界の住人に過ぎなかったとしても、それは少しも否定されるべきものではない。

しかし、現実の中国・中国人と付き合うとき、個人の教養として存在していた「教養としての中国」は、それだけではとても役立たないことも事実である。それどころではない。自分の中の「教養としての中国」を取り違えると、とんでもないことが起きてしまう。日本人が思い描いてきた「老子」のような人間は現実の中国のどこにもいない。

日本と中国の交流は古来より確かに存在している。日本にとって有史以来、最大の文明間の影響関係、競争関係にあった。しかし長い歴史において、少なくとも短期間で十万人以上の単位での人の行き来は明治維新以前には一度たりともなかった。

平城平安の中国型都市計画も、貴族・武家・知識人の儒学・老荘・中国仏教の受容も、「教養としての中国」のレベルで事足りたものであって、「現実の中国」の不足はさして問題にならなかった。遣唐使時代の留学生・仏教僧などを除けば、「現実の中国」を知らなくてよいまま一生を終えればよかったからである。

たとえば長安の都に外国人女性がサービスをする今日の歌舞伎町さながらのクラブが多数あったとか（司馬遼太郎はそのことを指摘している）、聖人君子の孔子が生身の人間としてどういう生活をして、どういう野心をもっていた人物だったか（荻生徂徠《おぎゅうそらい》はそれを真剣に探求した数少ない例外である）を考えるリアリズムは必要なかった。日本人の頭の中で長安の都は理想郷であり、孔子は聖人君子としていればそれでよかったのである。

しかし明治維新以降、日本は有史以来はじめて中国大陸との大規模な交流という現実に直面させられることになった。今日では当たり前のことであるが、中国本土の中国人と本気で交友すれば、その初日から、孔子や孟子や老子の精神が行きわたっている聖人なり隠者の国の民という幻想は打ち砕かれてしまう。私たちは「教養としての中国」を守りながら、「現実の中国」観を育てていかなければいけない不幸に直面する。

教養としての中国・現実の中国

この「不幸」には、どう対処すればよいのだろうか?

たとえば福田恆存《つねあり》は、紀元節を復活させるべきかどうかという議論に際して、「私たちは絶対天皇制の時代に育ちましたけれども、伊邪那岐《イザナギ》命・伊邪那美《イザナミ》命の話をほんたうの話と思つたことは一度もない。天照大神のこともほんたうだと思つたことはない。神武天皇のことでもほんたうのことだと思つたことはない。歴代の天皇が百年も二百年も生きてゐるなどといふばかなことはないのですから、そんなばかなことを先生が学校でむきになつて教へても、本気にしない。常識人ならば本気にしないわけであります」(「紀元節について」『日本を思ふ』所収)

と述べている。つまり、紀元節を伝説という「精神的事実」として教育することの復活の必要性を説いたわけだ。福田のこのレトリックは教養、神話、伝説などさまざまなことに応用し、あてはめることができる。

私たちにとって「教養としての中国」は「神武天皇」のようなものなのだ。神武天皇の存在を科学的実在としては信じなかったけれども、何かの精神的存在として「信じる振り」ができるほど、戦前の日本人は常識人であり大人であった。それと同じように、「教養としての中国」が現実とかけ離れたものであっても、それを区分し、現実と教養の両者をそれぞれに育てる。これが現実の中国に触れたときの私たちの唯一の対処法と考えるべきであろう。

ところが明治維新以降の多数の日本人は、自身の中の「二つの中国」の問題を別の方法で解決しようと考え始めた。自身の内面に肥大した「教養としての中国」の印象に合致する理想的中国が、かつての中国に存在していたという幻想にほとんど滑稽《こっけい》と言えるほどに依存していった。

これこそが近代日本の精神史における最大の混同であり誤謬《ごびゅう》だった。「私たちの信じ込んでいた老子は現実の中国にはいないが、かつては必ずどこかにいたのだ」というのである。その混乱と誤謬は、中国との現実的交流が増大した明治期にますます高まっていく。明治十年にこの世を去った西郷隆盛に、次のような言葉があったことが、それをよく示している。

……日本は支那と一緒に仕事をせんければならぬ。それには日本人が日本の衣物を着て、支那人の前に立っても何にもならぬ。日本の優秀な人間はどしどし支那に帰化してしまはねばならぬ。そしてそれらの人々によつて、支那を道義の国に、立派に盛り立ててやらんければ、日本と支那とが親善になることは出来ぬ。

『大西郷遺訓』頭山満先生講評

今日からすれば驚くべき発言のように感じられる。しかし当時の政治家・知識人はもちろん、中でも西郷はたいへんな漢籍の素養の持ち主であった。「教養としての中国」を心の中に完備していたのだ。強烈に完全に「教養としての中国」を愛しぬいていたのである。そんな西郷が国際問題を考えて、維新を成し遂げた日本と対照的に力を弱めつつある中国（清《しん》国）を救わなければならないという主張に転じるわけである。西郷らしい「愛情」であるが、漢籍の素養がすっかり弱まっている現在では考えられない「愛情」だとも言える。

しかし西郷自身は中国（清国）に長期滞在したこともなければ、彼の周囲の人間関係に中国人（清国人）がいたわけでもない。中国大陸と中国人について、何の実感もリアリズムももっていなかった。

にもかかわらず、西郷は日本人の中に生まれ始めていた「二つの中国」の葛藤《かっとう》の問題を、「教養としての中国」が真実だ、とあっさり判定したのである。「日本の優秀な人間はどしどし支那に帰化しなければならぬ」＝「明治維新の近代化を中国に教え、救わなければならぬ」と論したのである。西郷はなぜもっとこの「二つの中国」の問題を悩むことができなかったのだろうか。

私は西郷を日本史上の最も偉大な人物の一人と信じてやまない。「日本人はかつて『西郷南洲』以上に強力な思想を持ったことがなかった」という江藤淳の言葉を私もまた受け入れる。しかしそれほどの対象だからこそあえて言わなければならないと思うのだが、近代とりわけ二十世紀以降の対中国関係ということに関してのみいえば、西郷の言葉は明らかに無責任なものだった。

「日本の優秀な人間はどしどし支那に帰化しなければならぬ」、西郷の言葉に従い、頭山満《とうやまみつる》、宮崎滔天《とうてん》、山田良政ら熱狂的な西郷崇拝者は、二十世紀の大陸中国の革命政治運動に次々と深入りしていく。こうして日本は半ばこちらから進んで中国に深入りしていき、彼らのエゴイズムに振り回されていく。明治以前の日本人の「教養としての中国」と、新たに直面した「現実の中国」の「二つの中国」の問題。前者の優位のもと、偉大なる中国の復活という主題に解消しようとする潮流の始まりは、西郷隆盛にあったことを認めなければならない。

中国に振り回された二十世紀の日本人

西郷の言葉によって始まった、「二つの中国」の観念図式を同一にする無理は、二十世紀になってますますその度合いを深めていく。

しかし「無理」になればなるほど、この観念図式が日本人の「対中国」に対する捉え方の指針になっていく。中国の政治的指導者が、かつての日本人の教養の中での老子や孔子の顔をして日本人の前に柔和な顔をしてあらわれる。日本人の多くは、まるで漢文を訓読するような素直さで、それらの指導者を受け入れ、中国大陸の事情に深入りしていく悲劇が繰り返される。

「現実の中国」の世界には果たしてどんなことがあったのか。のちに本書で詳しく述べることになるが、近代中国の国父であり日本人の民間志士が力を尽くして支援した孫文《そんぶん》が、実は浪費三昧《ざんまい》の人物であり、議会主義を嫌い暗殺を好む陰謀家であったという事実。

日本人の戦争犯罪を許してくれた「恩人」として語られ続けてきた蔣介石《しょうかいせき》が、日本を犯罪国家にでっちあげようとした張本人だったという事実。

近代中国を切り開いた人物で、日本を尊崇したとされる鄧小平《とうしょうへい》が、毛沢東《もうたくとう》の手先として数十万人の虐殺を平然とおこなってきた人物だという事実。

柔和な日中友好のシンボルであった周恩来《しゅうおんらい》が、驚くほど卑屈な自己防衛的な小心者で、毛沢東の前で土下座や失禁をするほどの人物だったという事実などなど。

二十世紀に生きた日本人が、「老子の実像」は知らなかったでもすまされる。しかし孫文や蔣介石や鄧小平や周恩来の実像は知らなかったではすまされない。とりわけ日本の政治や軍事の先頭に立つ人間が、である。彼らにかかわった日本人が単に無知で愚かだっただけでは説明にならない。

ますます矛盾したことに、日本人は無知でも愚かでもなかった。二十世紀の中国に「振り回された」日本側の人間は誰も、深い教養と豊富な知識、尊い精神をもった人物ばかりであった。頭山満、犬養毅《つよし》、内田良平、石原莞爾《かんじ》、松井石根《いわね》……。だとすれば、「振り回された」ことの理由は、西郷隆盛と同様、「教養としての中国」としての思い込みが不自然に大きかったのであろうか。

そもそも彼ら日本人の側に本当に「現実の中国」はまったくなかったのか、という問いもなされるべきであろう。石原や松井などは、中国史や中国思想に関しての知識が豊富なだけでなく、中国大陸での勤務、生活も長い人物であった。優れた眼力をもっていた彼らが、中国人の現実を知らなかったとは言えないように思う。それどころか、現代の日本人より中国人を知り尽くしていた可能性もある。だとすれば、彼らの中国人への深い愛情はいったいどこから湧いて出たものだったのだろうか。

あるいは日本人の中国認識に勝る日本認識を中国人の側がもっていたから、日本人は振り回されたのか。中国人指導者は反日的人物も親日的人物も、日本人の表層に対しては詳細な観察力を有するが、日本人の心底に対してはきわめて鈍かったようである。孫文などは明治以前の日本史や日本思想に関してとんでもないほどに無知であった。不勉強にもかかわらず、中国人指導者たちが日本人を振り回すことができたのは、いったいいかなる理由によるのだろうか。

これらの謎を解明するためには、一つ一つの二十世紀における日中の史実を検討し、日本人と中国人双方への「リアリズム」に根ざした視点から取り上げなければならない。いったん、先入観なり伝統的中国観から離れて、「ゼロ地点」から日中の近代の交わりを見ることが求められる。端的に言えば、加地氏が「老子の実像」を追い求めたことと同じ作業を二十一世紀におこなわなければならないのである。本書が探求する目的はそこにある。

第一章

中国の革命に人生を賭けた日本人たち

北一輝
（1883～1937）

宮崎滔天
（1871～1922）

頭山満
（1855～1944）

よく似た性格だった江藤新平と大隈重信

佐賀県佐賀市にある佐賀城の跡地はたくさんの美しい楠木と松に囲まれている。現在、その跡地に県庁、合同庁舎、放送局などの建物が立ち並び、江戸時代の佐賀藩の頃からそのまま政治的中心の場であり続けている。

佐賀で美味しいものはなんといっても嬉野《うれしの》地方で取れる茶の葉が丸まった玉緑茶をはじめとするお茶である。佐賀城に住んだ鍋島《なべしま》家の歴代藩主は、質素倹約の模範とするため、このお茶を使った茶粥《ちゃがゆ》を食したという。

佐賀城の大半が焼失したのは、明治七年に発生した佐賀の乱で、政府軍と江藤新平《しんぺい》率いる反乱軍の戦場になったときだった。戦闘そのものは短期間で決着がついたが、佐賀城に籠《こも》る反乱軍に対しての政府軍の攻撃はかなり激しかった。かろうじて焼失をのがれた鯱《しゃち》の門には、弾痕がいまもなお生々しく残存している。

江藤新平は、この佐賀の乱の首謀者であった。乱はあっけなく平定され、江藤は鹿児島に逃亡し、明治新政府への反対の意見を同じくする西郷隆盛に反乱を促すも拒まれる。さらに高知に渡り片岡健吉や林有造《ゆうぞう》に反乱の継続を訴えるがこれもうまくいかず、その地で逮捕され、すぐに処刑されてしまう。

よく知られているように、江藤の明治新政権への功績はたいへんなものがあった。たとえば今日にまで存続している我が国の司法制度の骨組みは、司法卿《きょう》であった江藤がごく短期間のうちにつくりあげたものに他ならない。私たちが利用し依存している裁判所、検察制度、警察システム、弁護士制度などの仕組みの創始者、江藤の功績を今なお誇りに思う佐賀県民は少なくない。佐賀の乱の慰霊祭は毎年執りおこなわれ、そこで多くの人が江藤に祈りをささげている。「佐賀における西郷隆盛」のような存在、と言っていいだろう。

ところで、佐賀県民以外にはきわめて不思議に映るのであるが、江藤ともう一人の佐賀における維新の英雄にして二度の総理経験者、早稲田大学の建学者の大隈重信《おおくましげのぶ》に対しての佐賀人の評価はきわめて低い。この不思議な評価について、大隈の人柄の問題が原因していたという意見があるかもしれない。

大隈には、正しくないと思った見解に対して情け容赦なく大声で論破する性癖があった。その甚《はなは》だしさがゆえに、盟友の五代友厚《ごだいともあつ》に「愚説・愚論にも耳を傾けられよ」と忠告されている。さらに政敵の陸奥宗光《むつむねみつ》に「議論も議論なれど、最後の力は腕力により、これに次ぐに死をもってせざるべからずと信じるものなれども、彼(大隈)の胸裏にはすこしもかくの如き覚悟なきが如し」と言われるほどだった。要するに「口だけの人間」「やかましく相手の欠点をつく人間」という批評である。

しかし同様の批評は江藤にもよくなされた。実は大隈と江藤は幼馴染《おさななじみ》であり、幼少時の勉強仲間から明治維新の政治的同志にいたるまで、ずっと親友であった。そしてこの二人はたいへんよく似た性格をもっていた。司法卿の江藤は自らがつくりだし率いる検察と警察、そして自らの論争的性格を使い、新政府内部のスキャンダルを容赦なく叩き出そうとした。

たとえば山県有朋《やまがたありとも》などは、山城屋和助《やましろやわすけ》事件(国家予算の一%にあたる予算が山県の親友の山城屋和助によって流用され遊蕩《ゆうとう》費に消えた事件。江藤らに追及されて山城屋は自殺)で江藤の検察官的性格にかなり痛い目にあっている。岩倉具視《ともみ》なども江藤に人前で面罵《めんば》・論破され、さらに手紙で「言い忘れたこと」として重ねて論理的に追及されることさえあった。

江藤も大隈も新政府のメンバーの「うるさ型」の急先鋒《きゅうせんぽう》だったのだ。佐賀人は江藤たちがその性格で、薩摩《さつま》・長州あるいは公家の舌足らずの面々をさんざん苦しめたことを誇りにさえ思っている。司馬遼太郎はこうした江藤の性格について「論理の追究の執拗《しつよう》さにかけては全人類とでも戦いうると思ったこの男」という痛烈な比喩を与えている。

「佐賀公国」の県民性

九州の県民性は多様である。賑《にぎ》やかでお祭り好きな福岡人、人が良いが一途な熊本人、人心を把握するのに巧みな薩摩人、などと言われる。江藤や大隈のようなシャープで容赦のない検察的性格は佐賀人の気質の一つである。現在でも佐賀県周囲では「佐賀者の歩いたあとは草木も生えぬ」とその気質を揶揄《やゆ》される。つまり江藤・大隈両者とも、一般的にはかなりの性格的欠点に映ることでも、佐賀人にとっては少しも短所ではなかったのである。

「県民性」と私は言ったが、日本人の県民性の形成には多分に江戸時代が関係している。江戸時代の教育水準は、庶民農民のレベルまで含めて、当時の世界で最高水準であったことが今日明らかにされつつある。同時に、その教育は画一的なものでなく、各藩においてかなり性格の異なるものであった。江戸時代の各藩は独立した「公国」のようなもので、国民性ならぬ県民性が形成された。その「公国」意識はなお九州において健在で、とりわけ「佐賀公国」の強い個性は、自他ともに認めるところなのだ。

ではいったい何が佐賀人に大隈を嫌わせているのか。明治六年の征韓論の政変で大隈が江藤と志を同じくして下野したのち、佐賀の乱を計画した江藤の熱心な勧誘を受けたにもかかわらず拒否している。「江藤を見殺しにした」そう考えている佐賀人は今なお少なくない。大隈重信は、「口だけの人間」であって「行動が伴わない腰砕けの人間だ」というのである。既述したように江藤と大隈は幼少のときからこの世で一番親しい友人同士である。そんな江藤を、最後に大隈は見限った……。その理由から、佐賀では大隈に関しての畏敬《いけい》の気持ちも行事も、ほとんどないのが実情である。

九州の一地域に過ぎない佐賀の歴史的事情が、二十世紀の日本と中国の間の歴史的という巨視的世界にどう関係があるのか、訝《いぶか》しまれる方もいるであろう。しかし二十世紀の日本と中国の間の歴史の根本には、一見すると無縁にみえる明治維新の、しかも維新周縁の事情が精神的な面で大いにかかわっている。二十世紀の日中の歴史の序章は、どうあっても明治維新にその一頁をもたなければならないのではないかと私は考えている。もう少し佐賀藩の話を続けてみよう。

大隈重信は不思議なことに、生涯、自分の筆で文章を書くということをしない人であった。この点だけ、似たもの同士でありながら、たいへんな筆まめだった江藤新平と異なっている。一説によると青年時代、字が下手だったことを揶揄《やゆ》されて深く傷つき、以後、「物を書く」ことをいっさいやめてしまったという。厳密に言えば幼少の頃に作文めいたものを書いたことがあるかもしれないが、少なくとも十代以降、彼は書き言葉とは完全に無縁な人物であった。大隈を「筆者」とする「書籍」はどれも口述筆記によるものである。彼の数少ない「作品」の中で、人生と政治観を語っている『大隈伯昔日譚《せきじつたん》』という著作がある。そこで佐賀藩の藩校、弘道館の教育について、次のように回顧している。

……私の郷里である佐賀藩には、弘道館という一大藩校があって、その生徒を内生と外生の二校舎に分け、今の小中学校のように一定の課程を設けて厳重にこれを管理した。藩士の子弟は六七歳になると皆外生として小学生に入学し、十六七歳になると中学生に進学して内生となり、二十五六歳に至ると卒業するといった具合である。もし適齢に達してもなお学業を成就できない生徒は罰として家禄の十分八を減らされ、そのうえ藩の役人になることが許されなくなる規則であった。そしてその教育方法はまず四書五経の素読をさせ、次に会読をさせるものであり、その学派は頑固窮屈な朱子学を奉じさせて他の学派を強く排斥した。

弘道館は、佐賀藩士・山本常朝《じょうちょう》が唱えた葉隠《はがくれ》道の教育をすさまじいほどに集中した。弘道館に入校した大隈はこの教育について「この方途を強制されるとその優れた才能を伸ばすことができず」「藩中の人物をことごとく同一の型に嵌《は》め込む」「明清《みんしん》の科挙《かきょ》制度よりも過酷」と評している。

鍋島直正と枝吉神陽による近代化と欠如感

だがこの佐賀藩のスパルタ教育は二人の人物の登場により、旧来の教育の量的面はそのままにして、質的な面を朱子学・葉隠道から全面的に蘭学に転じさせた。つまり幕末の江戸時代で、最も近代的精神と技術に富んだ地域へと佐賀藩を生まれ変わらせることに成功したのである。

一人は佐賀藩主の鍋島直正《なべしまなおまさ》（閑叟《かんそう》）である。一八三〇年、十七歳で藩主の座についた直正は、佐賀藩の財政破綻《はたん》状況を打開するとともに、藩自体をきわめて近代的な性格にする改革に次々に着手した。

たとえば種痘《しゅとう》を、嫡子の直大《なおひろ》に対しておこない成功をおさめている。その成果を緒方洪庵《おがたこうあん》に教え、近代医学の展開の源をつくった（十八世紀に秋月藩の緒方春朔《しゅんさく》が世界ではじめて種痘をおこなったとされているが、これは死者も出した不完全なものであって、直正のおこなった種痘が日本ではじめてのものであった)。また武器や造船に関しての研究意欲もすさまじく、国際的な情報網を張り巡らせ、アメリカの独立戦争でいかなる武器が使われているかを調べさせていた。

これら技術調査や情報に従い、直正は藩内に日本最初の製鉄所を建設させ、蒸気船も建造させるという、信じられないような成果を得ている。また直正は儒学から蘭学への切り替えだけではなく、世界の潮流から蘭学がすでに時代に遅れていることに気づき、藩教育の蘭学からイギリス学への転換も図っている。大隈はこの方針転換によって、英語教育や英米法、英米史の知識を身につけることができたのである。

もう一人は国学者・儒学者で弘道館教師の枝吉神陽《えだよししんよう》である。枝吉は副島種臣《そえじまたねおみ》の実兄であるが、朱子学と葉隠道の閉鎖性を指摘し、蘭学はじめヨーロッパの学問を吸収する重要性を唱えた。弘道館に入りたてだった大隈や江藤の国家論に絶大な影響を与えている。枝吉を「佐賀の吉田松陰《しょういん》」という人も多い。しかし松陰になく、枝吉の教育にあった興味深い点がある。律令=法律面をはじめ、国家を構成する合理性、システム的要素を大隈や江藤たちにしっかり教えたことである。

枝吉の国家論は、「ネーション」だけでは国家は成立しない、「ステート」を伴ってこそはじめて国家は国家たりうる、という近代そのものだった。この佐賀藩の制度的思考と教育方針は明治維新後になって大きな結実を遂げることになる。明治国家のステート面の設計における枝吉門下の活躍はめざましいものがあった。

先述したように、江藤新平は司法卿として、ほんのわずかの時間をもって裁判所や検察など近代国家の司法制度の基本をつくりあげてしまう。大木喬任《たかとう》は文部卿として学制発布を成し遂げ、明治時代の教育制度の根幹を完成した。副島種臣が外務卿としてなした日清修好条規は、明治新政府の最初の外交的成果といって過言でないであろう。そして大隈重信は後年の政党政治での活躍とはまったく別に、予算・造幣局・金本位制などの近代的財産制度を江藤の素早さに負けず劣らずの速さでつくりあげた。「円」という名称を考え付いたのも大隈である。

司法、教育、外交、財政……明治時代における近代国家設計は佐賀人によっておこなわれたといっても過言ではない。技術や制度における「近代」は、「佐賀公国」から明治国家全体に輸出されたものとさえ言ってよい。その輝かしい成果は、鍋島直正と枝吉神陽の極端と言えるほどの教育によるものなのである。

だが、このような佐賀人の大活躍は、どれも明治維新後のことである。維新という歴史的転換の数年間に関しては、その才覚はほとんど生かせなかった。巨大すぎるステート転換への貢献に比して、ネーション転換への貢献はあまりにも乏しかった。

佐賀藩は最強の軍事力と最先端の教育力をもちながら、幕末の動乱期に優柔不断な判断を繰り返し、薩摩・長州に対して政治行動の面で大きく遅れを取り、藩の力を維新の段階にほとんど発揮できなかったのである。最も肝心な時期での佐賀藩の停滞は、まさに幕末の数年にさしかかって藩主が重病に罹患し、往年の気力をまったく喪失してしまったことが大きく起因している。

佐賀藩は薩長の二大勢力をリードするどころか、王政復古の大号令が発令された段階になっても、維新側か幕府側につくか決めかねているありさまだった。江藤新平が藩の目付役の重松基右衛門を、大隈が年寄役の原田小四郎を説得したことによって、ようやく佐賀藩は維新側につき、新時代の船に何とか乗り遅れないですんだ。

佐賀藩は「近代」をいち早く先取りしていたにもかかわらず、大いなる欠如感とともに明治維新という時間を迎えることになったのである。彼ら佐賀人にしてみれば、佐賀の急進的な近代化に比べて、明治維新政府の近代化推進は、ひどく速度の遅いものだと映っただろう。その悔しさは、自分たちの「近代」力を熟知自覚している大隈や江藤たち佐賀藩の人間にこそ最も強いものがあったに違いない。

だが佐賀藩だけがそのような欠如感をもったのではない。数多くの藩が、明治維新という歴史的崇高の瞬間に「立ち遅れた」という意識をそれぞれの形でもたざるをえなかった。もちろん、幕府側についていて敗北感の怨念《おんねん》を植えつけられた藩も少なくない。明治維新を革命的ロマンの時間だとすれば、そのロマンに浴することのできた藩も人間もごく一部の日本人だった。

佐賀藩を筆頭にした数多くの藩や人物が維新のときに感じた欠如感、違和感、反発心……そういったものがじわじわと明治以降の日本人の対外意識、対外行動に現れてくる。明治維新の「立ち遅れ」の受け止め先として現れた大いなる可能性の場を考えるとき、中国大陸の存在が現れてくるのである。

明治維新と中国人指導者たち

近代中国の指導者の多くが、そんな「複雑な」明治維新に実に強い尊敬を抱いてきた史実がある。明治維新への敬意が、中国側からの日本への精神的かかわりの第一歩だったとさえ言える。しかし彼ら近代中国の指導者は明治維新を賞賛こそすれ、分析するほどの関心はなかった。日本の明治維新の各藩の事情や対立などはほとんどどうでもよかった。

たとえば親日派中国人の神話的存在であるかのように扱われている孫文は、明治維新を心底崇拝し、多くの有志の日本人たちと明治維新をモデルにして辛亥《しんがい》革命をおこなったことになっている。

しかしそんな孫文の明治維新の「分析」は次のようなものである。

……日本は維新以前まだ封建時代で、風俗は古代からあまり隔たっておらず、まだ活力が残っており、にわかの外敵の圧力に遭って、幕府がなす術がなくなると、有志の士が義憤に駆られて、尊王攘夷《じょうい》の説を鼓舞したのだ。これは義和団が扶清滅洋を唱えたのと、一致した行動である。

『孫文革命論集』

明治以前の時代すべてを古代社会の延長の封建時代と一くくりにする感性も大したものだ。だが、もっと驚くべきなのは、孫文は明治維新の尊皇《そんのう》運動や攘夷運動を、義和団の乱と同一視していたことである。

しかし明治維新への賞賛の言葉だけは、近代中国の指導者は美辞を並べ立てて語ってきた。

孫文の有名な明治維新礼賛の言葉がある。そこでは「日本の明治維新は支那《しな》の革命の原因、支那の革命は日本の維新の結果であって、本来は両者が一連のものとして、東アジアの復興を成し遂げるのです」と高らかに宣言している。この宣言は多くの日本人支援者を感動させている。この賞賛の言葉に、実は孫文が清国王朝という異民族王朝を江戸幕府と同一視する恐ろしい独りよがりを読む人間は誰もいなかった。日本人は、複雑な明治維新のプロセスを理解した上で孫文が賞賛の言葉を吐いていると考えたに違いない。

汪兆銘《おうちょうめい》も明治維新に関心をもっていたようである。「日本の民党が幕府を倒そうとしたとき、フランスの皇帝ナポレオン三世が、日本の幕府に、フランスの兵を借りて、内乱を平定する意志があれば協力すると、密かに告げたことが伝わると、民党が怒りを倍増させただけでなく、中立をとっていたものまで民党に味方し、幕府の参謀までが、陰で民党を助けるようになったので、幕府勢はますます孤立してしまい、民党に投降せざるをえなくなった。日本の民党の外国の干渉者に対しうる態度は、このように賢く感心すべきものだった」という汪兆銘の言葉が残っている。

やはり明治維新を賞賛する気持ちをもっていた少年時代の毛沢東が幕末の日本の僧・月性《げっしょう》の漢詩「将東遊題壁《しょうとうゆうだいへき》」を父親に贈ったエピソードは共産中国でよく知られている。

汪兆銘がフランスと幕府勢力の関係に言及しているのはなかなかの卓見で、孫文よりは日本史・文化に通じていたことをうかがわせる。しかし日本の民党＝反幕府勢力が外国勢力にぜんぜん依存しなかったかといえばそうではない。反幕府勢力の急先鋒である薩摩藩がイギリスと通じていたように、反幕府勢力を純粋なナショナリズム・民主主義勢力とみることには無理がある。汪兆銘からすれば、自身が従う辛亥革命勢力と反幕府勢力を同一視し、正義の革命勢力と言いたかったのであろう。これもまた独りよがりであるが、この見解が中国指導者による明治維新理解の上限であろう。毛沢東の明治維新礼賛に至っては、彼の知力に血肉化していた『三国志演義』や『水滸伝《すいこでん》』の現代外国版くらいの認識だったと思われる。

辛亥革命を支援した五人の日本人

そんな彼らの杜撰《ずさん》な認識の中で、唯一揺ぎなく共通しているのは、明治維新の成果を中国に伝えてくれた日本人がいた、という事実についてである。とりわけ宮崎滔天《とうてん》と頭山満はその筆頭と考えられているのだ。

中嶋嶺雄によれば、大躍進・文化大革命の真っ只中にあっても、中国共産党は大会を訪問した日本人に、「辛亥革命を支援してくれた日本人」という厚遇を与えたという。また今でもときどき「親日」的立場の中国人や台湾人から、明治維新の成果を中国に伝える英雄的日本人がいた、という話を耳にすることがある。

共産党大会での日本人への厚遇などは軽いプロパガンダに過ぎないし（もちろん中嶋もそのことをよく認識している）、中国共産党からすれば、かつてそんな「お人よしの日本人たちがいた」くらいの捉え方であろう。しかし中国人たちは、それら日本人の「お人よし」ぶりが以降の「日中友好的日本人」の模範と考えている。そのこと自体が重要であろう。

だが例によって中国側は、「お人よしの日本人」の背景に関心をもとうとはしない。辛亥革命で孫文を徹底的に支援した宮崎滔天について、孫文はその葬儀で「日本の大改革家」と言い、若き日の毛沢東は「その友情と誠意の厚さは鬼神を動かすにたる」と賞賛した。しかしその滔天が複雑な形で明治維新を呪《のろ》い、西南戦争で戦死した兄の八郎への思いのゆえ中国革命に全生涯を尽くしたという背景に関心をもった痕跡《こんせき》はないようである。明治維新の成果を中国に伝えようとする日本人が、その明治維新に対して、死を以てする抵抗の気持ちを有していた。佐賀の乱とそれに引き続く西南戦争といった明治維新への抵抗の内乱の中で生まれた何かしらの「強烈な精神」に、残念ながら孫文から現代共産中国にいたるまでの指導者は気づいた気配はない。

ではあらためて、なぜ中国の変革、革命に人生のすべてを賭《か》けようとした日本人が大勢いたのだろうか。たとえば、明治維新時代の日本にそんなことをしてくれる外国人はほとんどいなかった。

図式的区分は好みではないのだが、私自身の区分では、中国の変革・革命に邁進《まいしん》した歴史的日本人は五人いる。頭山満、内田良平、宮崎滔天、杉山茂丸《しげまる》、北一輝《いっき》である。彼らを辛亥革命の五傑といってよいかもしれない。この五人に加えて、時期がややずれるが、石原莞爾、松井石根の二人の名前をあげることもできる。この五人の出身を言えば、頭山・内田・杉山は福岡藩（あるいは旧福岡藩の地域）の出身、宮崎は熊本藩（あるいは旧熊本藩の地域）、北は佐渡島の出身である。

福岡藩は維新の少し前、佐幕派と勤皇派が対立状況に陥っており、一八六五年くらいまでは佐幕派が優勢で、勤皇派の家老を処刑するという事件もあった。そののち勤皇派が巻き返し、旗色不鮮明なまま維新を迎えた。熊本藩も事情はよく似ており、勤王党・時習館党・実学党の三派が藩内で争った結着がつかないまま維新になってしまった。この両藩の「乗り遅れ」が頭山ら青年のエネルギーの源であった。

たとえば「革命に乗り遅れてきた青年」頭山は激しい反薩摩・長州の思想から萩《はぎ》の乱に参加、

その逮捕入獄から西南戦争に参加できなかった。西南戦争のとき、頭山は二十三歳であったが、維新への不参加、さらに西南戦争にも不参加に終わったことが彼のルサンチマンをさらに増幅させたのであった。こののち彼は過激とも言えるほどの西郷隆盛崇拝に転じ、玄洋社《げんようしゃ》を結成する。玄洋社はのちにナショナリズムの最右翼組織として知られるようになるが、初期は反薩長の民権運動を提唱する団体であった。

頭山の西郷崇拝は、明治維新のヨーロッパ的なるもの、近代的なる性格への憎悪と結びついていた。その崇拝は復古主義的な世界を目指していたのである。日本の右翼思想は実は多様なもので、近代の天皇制度は偽物で、古代の祭祀《さいし》王的な大王の時代の天皇に回帰することを主張する思潮も存在したほどだ。これらは明治維新への反発から生じたものだったといえる。

こうした頭山たちの「反近代からナショナリズムへ」の動きは、「近代化の物足りなさ」による明治維新政府に反感、ずれを感じる傾向にあった佐賀藩の面々の国家思想とはまったく正反対にあったと言うべきだろう。明治維新への「反」にはこのような両極が存在したのだ。

頭山は西郷のすべての思想を崇拝し、自身の思想にもした。つまり西郷自身に、強烈な反ヨーロッパ近代思想があったのである。西郷が西南戦争の関与に積極的だったか消極的だったかについて、いまだに定説はない。しかし自分がかかわった明治維新とその後の近代化に関して西郷は、きわめて否定的な見解をもっていた。次のような西郷の言葉がある。

……文明とは、道の普《あまね》く行はるるを言へるものにして、宮室の荘厳、衣服の美麗、外観の浮華を言ふに非ず。世人の唱ふる所、何が文明やら、何が野蛮やら、些《ち》とも分らぬぞ。予嘗《かつ》て、或人と議論せしこと有り。西洋は野蛮ぢやと云ひしかば、否な文明ぞと争ふ。

陽明学の信奉者であった西郷は農本主義、反近代主義の観点から明治維新の近代化を苦々しく思っていた。明治維新を否定する新しい変革は近代主義的な未来ではなく、「大いなる過去」に向かわなければならない。

西郷にとって、日本人の「大いなる過去」を育ててくれたものは「教養としての中国」に他ならなかった。その「教養としての中国」に感動感謝するのは当然であったのだろう。明治維新の近代主義の否定が「教養としての中国」への崇拝に結びつき、それと現実の中国の区別がつかなくなっていく。こうして西郷の明治維新否定の精神は、彼自身が「日本人は皆、支那人にならなければならぬ」といった激烈な中国への同一心、ロマン主義にも向かうことになるのである。頭山はその西郷の復古的な中国幻想思想もそのまま受け入れた。頭山たち玄洋社の中国幻想の現れの最たる例が長崎事件を巡っての揺れ動きである。

長崎事件とは、明治十九年、丁汝昌《ていじょしょう》率いる清国艦隊が長崎に入港した際、清国海軍水兵が婦女暴行騒ぎを起こし、おさえようとした長崎県警察と乱闘になった事件である。清国艦隊は日本の各地でひどい振る舞いを見せていたが、この長崎でのおこないが一番ひどく、清国水兵は長崎警察署に大挙乱入する始末だった。

日本政府は丁汝昌に厳重抗議を申し入れたが、清国艦隊はさっさと日本を離れてしまい日本中にこの無礼に対する激怒が渦巻いた。さらに日本人を怒らせたのは、第三国が仲裁したこの長崎事件の処理に、日本側が清国側より多くの賠償金を支払わされたことであった。

頭山たち玄洋社ももちろん清国の無礼に激昂《げっこう》。これより玄洋社は民権主義を放棄するに至った。つまり「反中国」が頭山を、民主主義から過激なナショナリズムに転向させたのである。しかし頭山はやがて出会う孫文の人生最大の支援者になり、あっさり「親中国」に転向する。その「親中国」の感情は蒋介石の時代になってもしっかり継続し、頭山は中国に対しての支援に生涯奔走したのである。

このような過激な「反中国」と「親中国」の共存は、一見するとおそろしく矛盾している。

しかし西郷隆盛的な「中国幻想」のイデオロギーからすれば少しも矛盾していない。現実の清国人＝中国人が間違いを犯しているのは、何かの得体の知れない「悪」が、本来すばらしいはずの中国を駄目にしているからである。そしてその「悪」を取り除くことこそが日本の国防にも、「正しい」中国の「復活」にもなるという論理である。

頭山の次の言葉が生涯の対中国観、アジア観を鮮やかに示している。「道義」「聖賢《せいけん》」「お師匠」といった復古主義的な志士たちが狂喜しそうな言葉に注目しよう。こうして近代日本の「思い込み」的な対中国観の一潮流が形成されることになった。言うまでもなく二十世紀の日中の膨大な悲劇を生む源流の一つだった。

……日本がまず道義の大本にならなければならぬ。そしてまづ近いところで支那と印度と相提携して、立派な仁義道徳の理想国をつくるのぢやなア。支那はもと道義の起つた国ぢや。堯舜《ぎょうしゅん》でも孔子でも孟子でも、その他聖賢の起つた国で、実は日本のお師匠さんぢや。

『大西郷遺訓』講評

「中国の変革・革命に邁進した五人の歴史的日本人」のうちの四人は、以上のように中国とのかかわりを進んで受け入れたと説明できるであろう。彼らは明治維新の「ずれ」や「遅れ」を、「西郷隆盛主義」とでも言うべき復古的革命の思想に向けた。その復古的革命の思想に、「教養としての中国」を幻想ではなく現実として捉えていく錯誤も含まれていた……ということである。

しかし五人の中のもう一人、北一輝についてだけは事情はまったく異なる。ここに頭山たち九州のナショナリストとは今一つ、別の流れの近代日本の「思い込み」の潮流がある。この北一輝と中国とのかかわりについて考えるために、ここで佐賀藩の事情に話を戻さねばならない。

明治維新をどのように解釈するか

「明治維新はいかなる革命か？」というテーマは、二十世紀の日本の進歩派史学の、熱心だが多分に不毛な議論の対象としてあり続けてきた。

たとえば、マルクス主義内部においてですら対立した。明治維新を不完全ながらも第一革命(ブルジョア革命)と捉えて、ただちに第二革命＝社会主義革命に移行すべきと主張する向坂《さきさか》逸郎《いつろう》や大内兵衛《おおうちひょうえ》などを理論的指導者とする労農派と、維新以降の世界においてもまだ封建時代は継続しているとして第一革命の必要を唱える羽仁《はに》五郎など講座派である。ちなみにこの講座派の影響を強く受けたのが丸山真男《まるやままさお》である。

マルクス主義がほとんど崩壊した現在では、このような理論対立はまったくくだらないものに映る。この単純な理論では、皇室に敵対した江戸幕府が「保守勢力」で、皇室をいただいた明治政府が「革命政府」であるという歴史的事実自体を説明することができない。

だから「革命」でなくて「維新」なのだという主張。あるいは日本で、あの時代に一度だけしか成立しなかった「革命」なのだという主張のほうがより穏当となる。マルクス主義的あるいは歴史発展説的な明治維新論は、左派政治勢力の衰退とは別に、その魅力を失っていく。

だが維新政府に先駆けて、急進的な近代を体験・実感していた佐賀藩では事情が異なっている。佐賀藩では朱子学や葉隠道のような、覆されるべき封建思想が明瞭に存在していた。旧時代から新時代への改革革命が、マルクス主義・歴史発展説に近い形でシンプルに捉えることができる日本で稀《まれ》な地域だったと言うことができよう。たとえば『大隈伯昔日譚』に、大隈の次のような言葉があることが注目される。

……封建制度は憲法の生みの親なのであり、憲法思想および憲法運動は元を辿《たど》れば封建制度に由来するのである。このことはいままであまり指摘されることがない。私は自分で憲法史を語るにあたってこの事実を冒頭に特筆し断言することを躊躇《ちゅうちょ》しない。

封建時代という否定的存在が否定されるべくして否定されたからこそ、近代憲法が生まれるのだと大隈は言っている。大隈は別のところで、明治維新は「王政復古」ではなくて「王政維新」なのだとしきりに強調している。

もちろん大隈は社会主義には同調しない勤皇主義者であったが、明治維新が「ヨーロッパ的近代革命」であるという時計の針は、彼の実感そのものだった。繰り返しになるがその実感は、明治維新の傍流・異端であるという「ずれ」の気持ちが大きくかかわっている。第二次大戦後の進歩派学者の発言ならともかく、明治維新を迎えたばかりの薩摩・長州中心の政府首脳でこのように明治維新の歴史的意味を考えている人間はきわめて稀であった。

江藤と北の恐るべき類似点

江藤新平は明治維新をヨーロッパ型革命とみなす認識において、大隈よりさらに徹底していた。江藤がすさまじいまでのヨーロッパ近代主義者であったことは、はじめてフランス民法典を読んだときに、あまりに深い感動にとらわれてそれを讃える漢詩をつくったという異様なエピソードからもよくわかる。

廟堂用善無漢蕃　孛国勢振仏国蹲
仏国雖蹲其法美　哲人不惑敗成痕

（どこの国のものであろうと、良いものは良いものであり取り入れるべきだ。フランスは普仏戦争でプロシアに負けたにもかかわらず、その法律はあまりにも美しい。すぐれた人間や国家であるならば、敗戦国のものであっても、それが美しいものであれば学ばなければならないのである）

江藤は明治三年の段階でフランス民法の翻訳をそのまま日本の民法として一刻も早く制定しようと奔走した。江藤の奔走は、国民の法意識や法慣習を半ば無視した強引なものであった。結果として翻訳に修正が加えられ、民法草案である民法決議ができあがったのは翌明治四年であった。江藤にしてみれば、明治維新政府とはヨーロッパ近代を完全な形で実現するものでなければならなかったのである。このような江藤の近代主義の異様さは、北一輝の思想の異常さを連想させるものがある。

よく知られている北の処女作『国体論及び純正社会主義』(明治三十九年)では、日本史を天皇親政の「君主国」の時代、天皇がローマ法王的存在になって封建的大名が実権を握った鎌倉時代から江戸時代までの「貴族国」の時代、そしてその後に訪れる「民主国」の時代という発展的歴史観を説く。

北によれば明治維新は「民主主義革命」であり、次の段階の社会主義的革命に移行しなければならない。しかしこの流れの中で、天皇・皇室は廃止の対象にはならない。日本史上の多くの政治勢力(たとえば信長)が天皇を利用してきたように、日本革命は天皇を利用しなければならない。しかし貴族階級などの世襲階級は廃止される。まったく独特としか言いようのない北一輝の思想は、明治維新を劇的なヨーロッパ的な近代革命と看做《みな》し、歴史が民主主義へと発展移行する一点において酷似している。

北の育った佐渡島は本州から離れている配流地《はいる》であった。しかし順徳《じゅんとく》上皇、日蓮《にちれん》、世阿弥《ぜあみ》など配流された歴史的人物によって、さまざまな知性がもたらされる教育水準のきわめて高い地域であった(能楽の舞台の数は、人口一人当たりで江戸時代から今日に至るまで全国一である)。

ただし幕府の直轄地であったことから、明治維新の戦火はまったく及んでいない。このことから、「維新に遅れてきた青年」である北の知性が頭山たち九州のナショナリストと違い、「日本」という存在を純粋理論的に捉え、独自の進化主義的な歴史観をつくる方向性に向かうことを可能にしたのではないかと思う。佐賀藩も佐渡も、「日本国家の近代」を純粋理論的に考える上では、よく似た思想土壌の場をもっていたのである。

北によれば、「民主主義革命」である明治維新の成果を、薩長の旧守的勢力の面々が潰《つぶ》し、時代を逆行させてしまっているという。北は次のように明治政府の主流派を罵倒し、明治維新の成果を蘇《よみがえ》らせる第二革命が必要だとする説を提唱するに至る。ただし北は明治維新からだいぶ経過した一八八三年（明治十六年）の生まれであるから、彼の明治維新政府批判は同時代論というよりは歴史論である。

……朽根に腐木を接《つ》いだ東西混淆《こんこう》の中世的国家が現代日本である。屍骸《しがい》には蛆《うじ》が湧く。維新革命の屍骸から湧いてムクムクと肥った蛆が所謂《いわゆる》元老なる者と然り而して現代日本の制度である。

『支那革命外史』

この北の気分は、「近代」を佐賀から明治政権に注入した江藤や大隈が、維新から数年たらずして明治新政府に感じ始めていた深い失望とほとんど同じものであろう。

先述した山城屋和助事件のような薩長の腐敗の横行が江藤たち維新政府の佐賀グループを怒らせたのはもちろんである。西郷、板垣、後藤象二郎《しょうじろう》、江藤、大隈らがいっせいに下野した明治六年の政変＝征韓論論争も同様であろう。たとえ留守政府でも法的な意味での政府に変わりなく、その決定が遣欧使節団の帰国によって覆されてしまうのは、デュープロセスの法理として許しがたい。このように江藤や大隈たち佐賀人の法律家的思考が事態を捉えていた面を見逃すことはできないであろう。

ここで真っ先に行動を開始したのが江藤であった。江藤は、征韓論における対立をきっかけに、薩長勢力のうちの長州をまず崩壊させようと考えた。すなわち、明治維新をより徹底させる「第二革命」の時期が来たという認識である。徹底した近代主義者である江藤の「第二革命」は、一見すると頭山満たち九州のナショナリストの「維新に遅れてきた青年たち」の反維新政府と異なるように見える。しかし西郷隆盛を第二革命の盟主と考えることにおいて、両者は共通していた。

大隈はこの時期の江藤の心情を次のように解説している。

……江藤の心事を一言でまとめると、事を外に構えることで薩長の権力を打破し、藩閥政府を国民的政府に変えようとすることにあった。これは実に彼の年来の素志であったし、韓国朝廷が何度も我が国の要求を峻拒《しゅんきょ》して遂に無礼を加えるのを見て、副島の持ち帰った清国政府の応答を聞くなり彼はここにその意志を果たすべき好機を失ってはならないと考え、熱心に征韓論を唱道したのであった。

『大隈伯昔日譚』

江藤は、征韓論の同志である西郷と熱心に共闘しようとした。つまり、国民的人気を有する西郷を担いで、長州勢力を打破するという政治的大変動を画策し始めたのである。ヨーロッパ的近代主義者である江藤にとって、西郷とは思想的には相容れない。しかし革命という現実において、西郷の圧倒的な人気は最も利用すべき対象になる。

怜悧《れいり》な法律家能力をふんだんに兼ね備えていた江藤は、まるでロベスピエールがそうであったように、怜悧な革命家に変身しようとしていた。西郷はあくまで「利用」の対象なのである。江藤はもちろん、大隈をもこの第二革命に熱心に勧誘した。明治維新の内実だけでなく、立ち遅れた佐賀藩の有志として感情の共有ができると江藤は思ったに違いない。

江藤のこの西郷への接近を、北一輝のアプローチと比較してみよう。北一輝もまた（歴史論としてであるが）西郷を、第二革命の盟主足りうるべき存在だったと繰り返し主張している。しかし西郷の旧守的な思想は、過激ともいえる急進主義思想の持ち主の北と相容れないようにみえる。これについて、北の研究者の渡辺京二《きょうじ》氏は次のように言う。

……だが北が事実としての歴史という点でも見るべきところを見ていたのは、『支那革命外史』の本文で、西郷党の反乱が封建的特権の回復をねがう不平士族の反乱であったことを、ぬからず指摘していたことをもって知れる。つまり彼は西郷党の反乱の二面性を見抜いていたわけで、にもかかわらず彼が、西郷の死を維新革命の反動的転回点とみなす革命神話に固執したのは、西郷の死によって維新革命が確実に何かを失ったと彼が信じていたからにほかならない。失われたのは日本近代国家が一個のコミューン国家に発展する展望であった。

渡辺京二『北一輝』

その異様さにおいて江藤に数段勝る北の知力は、西郷にある種のコミューン主義、社会主義の理想像を感じていた。だが、北がもし本当にそう考えていたとしたら、それはやはり無理があったと言わなければならないであろう。

たとえば北は天皇を革命の御旗、国家の一機関と冷徹に位置づけていたのに対し、西郷は徹底した旧来的な勤皇家であった。江藤と西郷が結果的に相容れなかったように、北と西郷も現実に出会っていたら、決して事を共にはできなかったであろう。江藤の革命における「西郷」利用は、むしろ北の革命論の「天皇」利用に似ていると言うべきである。西郷の慈愛的な対中国感情にしても、おそらく北は受け入れることはなかったであろう。いずれにしても江藤・北の両者は革命をシンボル利用も含めたシステム的なものと冷徹に考えていた。

江藤が画策した第二革命の策謀に西郷や板垣退助が賛同参加したとする。政権獲得に成功し、頭山満や北一輝ら「遅れてきた青年」たちがその政権を支えたとしたら歴史はどうなったであろうか。

江藤ら極端な近代推進派と、西郷とその側近らの農本主義的徳治派の間で、大いなる対立が生まれ、江藤派あるいは西郷派による、まさしくフランス革命の第二段階のような恐怖政治の世界が出現したに違いない。江藤派の手先に北がおり、西郷派の手先に頭山たちがいて、激しい抗争を繰り返す。おそらく憲法制定さえもまとまらない可能性が高い。その日本の混乱にヨーロッパ列強が目をつけることも充分ありうることだろう。

そしてもっと明らかなことは、現実の史実よりはるかに早い段階から、頭山ら第二革命を支える青年たちは中国大陸に政府奨励のもと進出しただろう。そのことで二十世紀の史実以上の中国大陸の泥沼にさらわれ、日本のアジアでの地位は非常に不安定なものとなっていたに違いない。

江藤は、「中国（清国）全土を日本が征服したのち、天皇を北京に移させ、その北京を日本の永遠の首都にするべし」という、急進的を通り越してほとんど破天荒な対中国施策を考えていた。江藤によれば、中国大陸をなるべく早くに確保することが日本の政治的安定に大きく資すると考えていた。その対中国政策のために、天皇はある意味「犠牲」になって北京に皇居を移さねばならないのである。この江藤の狂気じみた対中国（対天皇）施策の案は、「天皇は革命勢力によって利用されなければならない」という北一輝の天皇論にも近接したものだ。

失敗に終わった江藤の第二革命論

江藤のこの第二革命論は、完全に失敗に終わる。征韓論下野後の行動は、維新政府で最大の政治力をもつ大久保利通《としみち》によって完全に監視されていた。機を見るに敏な大久保は江藤の反乱計画を誰よりも早く察知し、江藤および佐賀藩勢力の包囲網をつくりあげていた。大久保は江藤の処刑の日の日記に「江藤、醜態、笑止なり」と冷酷に記している。江藤の西郷や板垣への説得もはかばかしくないものだった。江藤の反乱計画はみるみる孤立していった。そして江藤は、大隈の説得にさえ失敗した。

江藤と似ているところの多いように見える大隈には近代主義や急進主義を抑制したところがあった。江藤の説得に対して大隈は、「たとえ第二革命が成功しても、新たな革命勢力の対立を生むだけであり、国家の枠組みを危うくするだけだ」と反論し拒絶する。ちなみに大隈は西郷の性格についてもきわめて否定的で、「忠誠心の塊であるが、政治力はほとんどなく、政府を主導する器ではない」と断じている。

のちに総理を務めた頃の発言であるが、大隈は中国革命に対しても慎重な考えを維持した。孫文の人柄に対してはまずまず好意的であったものの、「四千年の間、ほとんど化石的になっている政治思想を一朝にして改め、ヨーロッパの政治制度をそのままうまくこれを運用していくことは至難の業である」「今度の革命は一度その道を誤ると由々しき大事となる。中国ばかりではない。日本のためにも大事件となるのだ」として、狂騒的な孫文支持者とは距離を置いていた。大隈は始皇帝《しこうてい》や劉邦《りゅうほう》の例を出して、「最初は周囲に威勢のいいことをいって暴れまわるが、いざというときは防衛戦争に終始する中国人根性」などとなかなか痛快な中国人批評もおこなっている。抑制された近代主義、リアルで冷めた中国観、こうしたバランス感覚が近代日本人の理想的精神だと言えるのではないかと私は思う。

しかし、「近代化の不徹底」という反維新の考えは、江藤の死によって果たして完全に途絶えたのだろうか。

北の処女作『国体論及び純正社会主義』は発売とほとんど同時に発禁になった。江藤や西郷の死という第二革命の挫折から三十年がすでに過ぎ、頭山よりはずっと若く、また佐渡という維新の生々しさから距離をおいた地で純粋理論的に明治時代をみていた彼は、案外すんなりと自分の過激な思想を中国大陸において実現することを決意するに至った。

宮崎滔天と内田良平の誘いを受けて辛亥革命のために中国大陸に渡ったときの北の知人への手紙がある。この手紙には、西郷や頭山の文章のような達観や落ち着き振りは少しもない。変革と革命のために、どこまでも動きまわる理論家の近代人の文章である。まるで死した維新の近代人・江藤新平の亡霊が乗り移った雄弁のようだ、と言ったら言い過ぎだろうか。

……日本教育が今の革命思想を産みたるもので、多い時一万五千、前後を通じて幾万の留学生即ち四億人漢人のあらゆる為政者階級の代表子弟に日本の国家主義民族主義を吹き込んだから排満興漢《はいまんこうかん》の思想が出来たのだ……日本の教育家も政治家も支那通と云ふ方々も或は明確に意識されないかもしれないが、これほど明らかに思想的系統の示されている事例は余り類があるまい。日本は革命党の父である。新国家の産婆である、日本の教育勅語は数万全漢民の代表者の上にこの大黄国を産むべき精液として降り注がれたものである。

こうして頭山たちと正反対の系譜、つまり「大いなる過去」ではなく「大いなる未来」に向けて、維新で中途半端にしか実現しえなかった「近代」を、中国大陸で実現しようとする青年思想の系譜が生まれることになった。現実の日本史では、近代を極限化しようとする第二革命は抑圧され、実現することはなかった。しかしそのより高い近代革命を求める精神は、中国大陸での共和革命に向かう。

「佐賀公国」から明治国家に輸出されて一つの完成をみたステートとしての「近代」が、今度はより高い完成を求めて、中国大陸に二度目の輸出をされたのである。二十世紀の中国大陸は、志士や浪人のロマンの場だけでなく、エリートたちによる「近代」の実験と実現の場ということにもなった。いうまでもなくこの実験と実現は、すべてとは言わないが、多くにおいて失敗に終わる。辛亥革命だけでなく、「満州国」という壮大な実験国家もまた、この系譜の中で生まれたものだと理解すべきであろう。

人物的に言えば、この系譜の先に、たとえば満州国立案者の石原莞爾がいる。あるいは北を信奉し満州に計画経済を模索したという岸信介《のぶすけ》がいる。彼らは徹底した近代人でありながら、おそろしく非近代的な段階にとどまり続けている中国に、近代日本以上の近代化を設計しようとした。

石原も岸も（北も）もちろん佐賀の人間ではない。しかし彼らは明治維新とその近代化をより進めたものにしようとする野心をもっていたという点において、「佐賀公国の精神」とでも言うべきものの継承者であった。中国大陸に再現しようとした明治近代化の夢。そういう史実を回顧する上で、佐賀城跡に今なお残る佐賀の乱の弾痕はまことに象徴的なものであると思う。その「佐賀公国の精神」と、相容れない形で平行した頭山満たち「遅れてきた青年たち」の西郷隆盛主義とが奇妙に混ざり合って、二十世紀の日中関係の悲劇に雪崩《なだ》れていくのである。

第二章

「反日」の源流をつくり上げた孫文と蔣介石

蔣介石
（1887〜1975）

孫文
（1866〜1925）

孫文と蔣介石のエゴイズム

二十世紀、日本と濃密なかかわりをもった中国指導者の第一に孫文、次に彼の後継者であった蔣介石をあげることに異論を挟む人間はいないであろう。実際は宋教仁《そうきょうじん》、黄興《こうこう》、汪兆銘といった優れた辛亥革命の指導者も日中関係にかかわっているが、孫文と蔣介石の存在感の大きさにはとても及ばない。毛沢東たち共産党指導者がいくら世界史的存在とはいえ、日本とのかかわりに正面きって登場するのはやっと一九七〇年代になってからである。

孫文は中国共産党政権、中華民国政権（台湾政府）の双方から「国父」の称号を与えられている。孫文の人気は中国国内にとどまらない。日本においても孫文の人気は戦前、戦後、そして今日に至るまでたいへんに強い。その人気は右派、保守派と言われるグループになればなるほど強い傾向がある。また孫文ほどではないが、蔣介石の人気も我が国ではナショナリスト的立場の面々に依然、なかなか強固なものがあるようだ。

最近、こんなことがあった。私がある雑誌、本で蔣介石のことを手厳しく批判した。私としては悪意でやったのではなく、諸資料に基づいて公平を期しておこなったつもりである。

するとそれまで、私が交際のあったある人からの連絡がまったく来なくなってしまった。どうやら私の蔣介石批判に腹を立てたらしい。その人は現代史について立派な知識見解の持ち主で、保守派的人物である。その人が実は熱烈な「蔣介石恩人説」の主張者だったことを私はやがて知った。

蔣介石への信仰めいた好感はこのように依然として強く残っている。蔣介石ですらそうなのであるから、直接、日本と戦ったわけでなく、しかも蔣介石と比べてはるかに多い「親日」神話を残している孫文へのシンパシーをもっている日本人はさらにたくさんいることであろう。

一章で触れた「近代中国の変革・革命に賭けた五人の歴史的日本人」のうち、頭山満、内田良平、宮崎滔天、杉山茂丸の面々は「孫文を救う」ことを日本のナショナリズムの目的にさえ考えていたのである。ただ五人の中で、北一輝だけが終始、激しく孫文を嫌っている。また内田良平は最初のうちは孫文崇拝者であったが、後年、次第に距離を置くようになっていった。

孫文は実際、日本に対して非常に強い好感をもっていた人物である。自身の生涯のテーマであった中国近代革命の主要部分を、日本人とともに担ったことを正直に認めている。中国共産党政権などは、孫文の親日派的側面を何とか否定したくて躍起になっているようだが、孫文の日本への厚情ぶりはあまりにもいろいろな証拠を残していて、根源的に否定するのは不自然であろう。

しかし私はそれらの孫文の人気や親日派伝説をふまえた上で、あえて孫文こそが日中の二十世紀の混迷の元凶であったと考えている。そして何より重要なのは、孫文の日本への「好感」の意味が、ふつう日本人の考える「好感」の意味とまったく異なっていることだ。私たちは今でも中国人の日本人への「好感」の意味を錯誤しているが、その始原をさぐると、孫文にある。そしてこの元凶につぐ存在が蔣介石という「悪」の後継者であった。孫文から蔣介石への支配の流れの中で、実に多くの日本人が彼らのエゴイズムに苦闘を強いられ、その苦闘から抜け出せない。これが大東亜戦争の主要敗因にさえなったのである。

反日をつくりだした孫文

たとえ孫文に心を寄せていない人でも、「親日派」がなぜ日中関係の「元凶」になったのか、と訝《いぶか》しまれるかもしれない。

孫文の日本人への親しみは、自身の政治目的に純情に協力してくれることから湧いたものであった。孫文は確かにそれら日本人の献身に、純粋に感動した。しかし彼は日本人の献身に感動したのであって、その日本人が背負っている日本という国家・文化・歴史に感動したわけではない。一章にも記したことだが、孫文の日本理解はおそろしく浅い。彼は「日本」そのものには何も関心がなかったのである。

彼は最晩年、欧米にも日本にも見限られたと悟り、事もあろうに共産主義ソビエトを頼みにする。この最晩年の行動を孫文の「豹変《ひょうへん》」や「転向」といって嘆く日本人がいるが、「豹変」も「転向」もしていないと私は考える。彼の一瞬も隙《すき》のないエゴイズムが、あるときには日本を頼り、あるときはソビエトを頼みにしたに過ぎない。孫文には「親日」も「反日」もなく、ただ「現実」があったに過ぎない。

孫文は一九二五年に亡くなったが、あと十年二十年生きたならば、必ず日本との全面対決を選択したと信じる。それが自身の現実の対処のために一番よい選択だからである。実際、最晩年の孫文は、国内の反日運動と中国ナショナリズムを結びつける禁じ手にかなり傾斜していた。反日運動を操ることに巧みだった蔣介石は実は、孫文の路線を忠実に実現したに過ぎない。

しかし孫文や蔣介石をそう評価することと、私が中国の共産党政権をどうこう考えることは少しも結びつかない。中国政府の騒がしい反日宣伝がテレビで流れるたびに、その日の食事が不味《まず》くて仕方なくなる者の一人である。共産党政権がなす禍《わざわい》は、これからの日本にますます襲いかかってくるであろう。

だがくれぐれも注意すべきは、「世界史的、中国史的に悪である」ことと、「対日関係的に悪である」ことは区分しなければならない。もちろん、中国共産党が見えにくい形で我が国に工作をしてきた事実はある。しかし一九四九年に政権を獲得してから一九七〇年代まで、中国本土と日本は基本的に断交状態であって、表だって何を日本に為すということもなかった。中国共産党政権の発足以来の最大の敵は共産主義の兄貴分のソビエトであり、毛沢東は幾度も中ソ全面戦争の覚悟をした。ソ連との全面戦争という目の前の危機の前に、日本との戦争責任や靖国参拝などどうでもいい問題であった。つい最近までのこの政治的事実を、日本人大衆のほとんどはすっかり忘れてしまっている。

彼らが今日のように反日主義的な歴史認識云々《うんぬん》で騒ぎ出すのは、ソビエトの脅威が消えた一九九〇年代になってからである。しかもその「反日」の内容は、国民党政権時代につくりだされたものの繰り返し、受け売りに過ぎない。東中野修道氏の『南京事件　国民党極秘文書から読み解く』はたいへんな力作名著である。この著作の執筆研究過程で明らかなように、東中野氏が南京事件の謀略計画を探求するために赴かなければならなかったのは中国本土ではなく、国民党本部のある台湾だということを私たちはよくよく意識しなければならない。今日の「反日」をつくりだしたのは決して共産党ではなく、孫文・蔣介石が率いた国民党なのである。そしておそろしく奇妙なことに、中国共産党が激しく怯《おび》えたソ連と中国の連携蜜月《みつげつ》を最初に実行した人間も孫文であったのである。

そういう文脈で考えれば、現在の中国共産党政権の忌々《いまいま》しい口ぶりの根源を知るためにも、私たちはまず「元凶」の孫文と、その後継者の蔣介石の本当の姿を追わなければならないであろう。何をもって孫文は「元凶」であり、元凶の遺産はいかにして蔣介石に相続されたのであろうか。

司馬遼太郎たちの孫文観

司馬遼太郎のロングセラー『この国のかたち』第一巻に「孫文と日本」というエッセイがある。それほど長い文章ではないのだが、日本人識者の平均的な孫文観がよく集約されているエッセイであると言えよう。

たとえば孫文の性格について、司馬はこう記す。

……孫文はナマ身の革命家としては、革命に必要な陰謀の感覚をもたず、かんじんな戦術には頓着《とんちゃく》せず、さらには反革命にどすを利かせるための武力養成には鈍感だった。ただ一個のあかるい人格と、調子の高い愛国心だけを武器にしていた。孫文は小柄だが端正な風貌《ふうぼう》と、透明度の高い人柄をもっていた。私欲がなく、権力への執着さえ乏しかった。かといって隠者や狂者といった風をもたず、十分な平衡感覚をもち、このため百戦百敗の生涯で、各地を転々としながら、つねに陽気だった。いま孫文の生涯をふりかえっても、にごりというものが見られない。

そして孫文の死の少し前に神戸でおこなった有名な「大アジア主義演説」について、こう評価している。

……孫文の演説は条理をつくしているだけでなく、聴衆が日本人であるということで、十分の心くばりをしていた。たとえば条約改正の直後に日清戦争があったことには触れず、またその後の「対華二十一箇条」の強要についてもふれなかった。むしろ日露戦争を大きく評価し、この勝利がアジア人の独立運動を元気づけた、とした。以下のことはこの稿の主題にとって蛇足だが、この演説の有名な結語について触れておく。

「あなた方日本民族は」と孫文は言った。「西方覇道の手先となるか、それとも東方王道の干城になるか、それは日本国民が慎重におえらびになればよいことです」その後の日本がどうなったかについては、触れるまでもない。


司馬が言わんとしていることは、孫文には蔣介石や毛沢東のような、変革者や革命家に付きまとう虐殺や陰謀の暗い影は少しもなかった、ということであろう。

大躍進の失敗、反右派闘争、文化大革命など毛沢東の殺戮《さつりく》者のイメージは二十世紀の歴史の常識として定着しつつある。蔣介石に関しても、共産党弾圧や台湾政権時代の白色テロなどはよく知られている史実である。二十世紀の中国史は時計の針が進めば進むほど、血の匂いが漂う陰惨な時代になっていく。しかしそうした血の時代の陰惨も、もともとは中国を変革しようとした孫文の純粋な気持ちから始まったものだ。ただし孫文本人は爽《さわ》やかな変革者だった。その暗い影のない革命家・指導者としての人生を締めくくったのが「大アジア主義演説」であったと司馬は言いたいのであろう。

この言い回しは、かつて左派論客の多くがロシア革命に関して、「スターリンは虐殺の手先であったけれども、レーニンは穢《けが》れのない革命家・指導者であった」と言っていたことを彷彿《ほうふつ》とさせる。善意で始まった革命が、担う人間たちの誤謬《ごびゅう》や悪意でおかしくなっていったという弁護は、たとえばフランス革命に関しての議論などでもよくなされるレトリックである。

しかしレーニンは政権奪取後、クロンシュタット反乱鎮圧やレーニン暗殺未遂事件捜査摘発で無罪無垢《むく》の人々に血の粛清をおこなっていた。それがスターリンの手法に継承されたことが実証されるに至り、レーニンへの賛美を、左派論客でも言う人間はいなくなっていった。「レーニンはよい人だったけれどもスターリンは悪人だった」ではなく、「スターリンの悪はレーニンを後継したものだった」と、ロシア革命の理解は変節していった。私はこのロシア革命理解の変遷とまったく同じことが、辛亥革命以降の中国の歴史に関しても言えると思う。

たとえば、「商団《しょうだん》事件」と歴史上呼ばれている事件がある。司馬が「百戦百敗」というように、革命蜂起《ほうき》になかなか成功しなかった孫文が一九二三年、ソビエトの支援のもと広東地方に革命政権の樹立に成功した。孫文はこのとき、政権安定のために広東地方全域にすさまじい率の重税をかけた。

広東地方にはもともと地方軍閥の勢力が有力で、孫文の広東政権成立後も存続する。地方軍閥は喩《たと》えるならヤクザの超巨大組織のようなものであるが、この地方軍閥は税金徴収もおこなっていて、広東政権成立後も税金徴収を孫文に許された。つまり広東人は、孫文と地方軍閥の二重の税金の徴収状態に陥ることになったのである。

広東地方軍閥は表面的には孫文の用心棒的存在だったが、孫文にとっては油断のならない存在であった。そこで孫文は、軍閥各派の内部対立を引き起こす謀略をしかける。この謀略は成功し、軍閥各派は対立状態。つまりヤクザ間の乱闘・武闘状況が出現し、広東全域は大混乱に陥った。広東軍閥は抗争の費用のため税率を引き上げる。二重税金状態に加えてこの抗争の重税で広東の税率はメチャクチャになっていったが、孫文は何も手を打たなかった。

この暴政に対して、当然のことながら広東の商業界が不満を募らせているという情報が孫文たち広東政府に入ってくる。当時、広東の商業界は万が一に備えて自衛部隊をもっていて「商団」と言われていた。せっかく政権を樹立した孫文にとって、この商団は侮《あなど》れない存在であった。孫文は先手を打って一九二四年十月、広東商団に攻撃をしかけ、一晩のうちに壊滅させることに成功した。この孫文の無慈悲な命令を実行したのは当時、国民党の軍事方面を指導していた蔣介石であった。

この攻撃は一般市民への広範な略奪暴行を含む凄惨《せいさん》なものであった。多数の商店や住宅が放火され、虐殺された住民は数千人にのぼっている。この商団事件は、ロシア革命史におけるクロンシュタット反乱やレーニン暗殺未遂事件処理にあたるように思われる。
「透明度の高い人柄」、「私欲がなく、権力への執着さえ乏しい」という司馬の孫文評についてはどうであろうか。たとえば私があげた「五人の日本人」の中で、最も孫文と時間を共にした時間の多かった宮崎滔天も第一印象で同じことを言っている。もしかしたら司馬の孫文評は、宮崎の評価に基づいているのかもしれない。保阪正康《ほさかまさやす》氏も、宮崎の自伝『三十三年之夢』その他数多くの資料に基づき、宮崎と孫文の初対面（一八九七年）の場を次のように描いている。

……初対面では、滔天は、自分が抱いていた東洋の革命家というイメージと目の前の孫文があまりに違っているので驚いてしまった。寝巻姿のままで、まだ顔も洗っていない。無頓着なのである。それにどことなく軽く見える。この人物で大丈夫だろうか、と思った。だが会話を進めていくうちに、その疑念は消えていった。応接間では、百年の知己のように話しかけてくるし、滔天もそれに応じる。孫文は三兄弥蔵（著者注・滔天の兄で中国革命に協力したがすでに早世した）にもふれた。いまこうして会うのは「天の冥命である」ともいった。滔天はしだいに孫文の弁舌に興奮していった。孫文を表面だけで判断していたことを恥じいるのであった。

孫文との出会いに感動した宮崎は、すぐ頭山満に孫文を引きあわせた。頭山も初対面から孫文の器量に感激し、「天下の財を集めてこれを天下に散ずるすぐれた能力のある人物」「四百余州（中国）を統治しうる英雄」と称し、支援に力を尽くすことを決意する。彼らからすれば、「優れた日本人はみな支那人にならなければならぬ」という西郷隆盛の思想を支えてくれる中国人が天から遣わされて目の前に出現した思いだったのであろう。宮崎滔天や頭山満たちの孫文観はまたたくまに彼らの周囲に集う九州のナショナリストの定説になっていく。

これに対し、北一輝は孫文の人柄、革命家としての能力をまったく評価していなかった。たとえば北は『支那革命外史』で、次のような冷ややかな孫文評価を記している。

……不肖は秘密結社時代の中国同盟会に干与せしとき、彼（＝孫文）の邸において彼に対して誓盟せし関係上、つねに彼を理解するに深き同情をもってしたるものなり。しかしながら長き歳月と厳正なる事実はついにかく断言せざるを得らざらしむ。孫君の理想は傾向の最初より錯誤し、支那の要求するところは孫君の与えんとするところと全く別種のものなるを見たりと。もしこの断定にして正しからば、彼によりて革命運動を察し革命されつつある支那を考えんとする努力は徒労なるべきなり。

孫文という人間の実像はいったい、いかなるものだったのだろうか？

孫文は革命家合格か

「私欲」のなさ、というのは古今東西、革命家の人間像として重要なポイントであろう。死の直後、ロベスピエールにはほとんど財産らしきものがなかったという。マルクスやレーニンは愛人がいて小市民的な浪費癖があったようだが、庶民と隔絶するような贅沢《ぜいたく》三昧に溺《おぼ》れたということはない。革命家が革命成就の後に支配者になって腐敗堕落するのは常だとしても、少なくとも成就する段階までは貧しい庶民の共感を呼ぶ生活者でなければならない。

宮崎滔天や頭山満らが孫文に感じたのも、そうした私欲のない性格だった。だから「革命家合格」と考えたのだ。だが次にあげる史実は、彼らが孫文に感じた禁欲主義的な革命家像がまったくの誤謬だったことを伝えている。

一九〇七年、頭山ら日本の民間支援者に匿《かくま》われ日本に亡命滞在していた孫文は、清国政府の圧力を受けた日本政府により国外退去することになった。孫文は日本政府に相手にされていなかったのである。国外退去処分になって、さすがに孫文に申し訳ないと思ったのであろう、内田良平の働きかけで政府から餞別《せんべつ》を贈ることになった。それ以外に民間人の餞別もプラスアルファされ、総計で一万七千円（現在の貨幣に換算して約七千万円）ほどが孫文に渡されることになった。

その当時、日本は清国に近代革命をもたらそうとする亡命中国人、中国人留学生の前線基地のような場所になっていた。もちろんその運動の指導者は孫文である。孫文の革命運動の最大の精神的支柱は、日本国内で中国人亡命者や中国人留学生たちによってつくられていた雑誌『民報』であった。

一九〇七年当時、『民報』の編集長は、清国の改革派から孫文の革命派に転じた章炳麟《しょうへいりん》だった。章の理論的能力は非常に優れていたが、このとき『民報』は極度の資金不足に陥っており、存続すら危ぶまれる状況にあった。日本にいて中国革命にすべてを賭けている中国人の面々は、自分たちの生活を切り詰めて、『民報』を支援しつづけていたのである。

そんな中で問題の餞別である。孫文はもらった餞別のうち千円を送別会に使い、残りの一万六千円のうち、二千円だけを『民報』に渡して、あとはすべて自分で持ち去ってしまった。孫文からすれば、自分個人に渡されたものだと言いたかったのであろう。しかしこのとき孫文は在日中国人に対して、命と資金のすべてを投じるように常に高らかに主張し、在日中国人はその言葉を信じ従っていたのである。日本政府側もてっきり孫文がそのまま餞別を『民報』に渡すものだと思い込んでいた。『民報』はこののち資金繰りがますます悪化していき、しばらくしていったん廃刊に追い込まれてしまう。

この餞別私物化事件は章炳麟たち日本に残った中国人革命家を激怒させる。これを機に孫文に不信感を抱いた章炳麟は数年後、孫文弾劾状を作成し、革命運動に関係するアジア各地域に配布した。のちに孫文、黄興とともに「辛亥革命の三本尊」と評されるほどの存在だった章炳麟が、餞別私物化事件を契機に孫文と付かず離れずの警戒的態度を取るようになる。

章炳麟たちはなぜ激怒したのだろうか。もし孫文が新たな亡命先で使う（かもしれない）やむをえない資金と考えていたのであれば、彼らは決して怒ることはなかったであろう。実は孫文には、革命資金が果たして正常に使われているのかどうかを疑わせるほどのたいへんな遊蕩癖があった。

たとえば孫文の日本での生活について孔祥熙《こうしょうき》がのちに「帝王のように腐敗したものだった」と憤激の言葉を残している。孔祥熙といえば、宋三姉妹の長女の宋靄齢《そうあいれい》の夫で、孫文と蔣介石の義兄にあたり、国民党政権の財政金融を台湾時代にいたるまで支えた人物である。孫文の遊蕩癖はそれくらい近しい有力者に批判されるほどひどいものだった。少々の小市民的贅沢というレベルのものではない。使途不明金の多い孫文の性格が、章炳麟たち革命に集う面々を不審がらせていたのである。

孫文のこの遊蕩癖に、頭山たち日本人の孫文支援者は気づいていたのかどうか。たとえば、頭山たち九州のナショナリストグループは、資金的バックグラウンドに安川財閥など九州の石炭系資本を有しており、資金に不自由していなかった。

孫文は幾度も日本に長期滞在している。何度目かの日本滞在のときなど、安川財閥を通じて、月に一万円（現在の貨幣価値にして四千万円相当）の生活費が孫文に支払われている。これほどの資金がどう使われているかについて、頭山のところに情報が来なかったとは考えにくい。気づいていたが、黙認していたというのが妥当なところだろうか。

この孫文の遊蕩癖は小説のテーマにもなった。西木正明氏に『孫文の女』という小説がある。西木氏は資料を読み込んだ上で史実を題材にして小説を書く作家である。たとえばソビエト・コミンテルンに通じていた戦時下の謎の日本人政府高官「エコノミスト」を、外務次官や情報局総裁を務めた天羽《あもう》英二だと推測する長編小説『ウェルカム　トゥ　パールハーバー』（二〇〇八年）は大きな波紋を呼んだ。

『孫文の女』は日本滞在中に同棲《どうせい》相手となった二人の女性と孫文の交わりを描く内容だ。冒頭で、孫文の動向を警察から知らせを受けた大隈重信と犬養毅が密談を交わす場面がある。このとき大隈は第一次大隈内閣の総理大臣、犬養は憲政党代議士で、両者とも孫文に好感をもっている。特に犬養は頭山とともに孫文の熱心な支援者であった。

西木氏は大隈の口を借りて「孫文君は熱血漢らしく、あのほうもなかなかの豪の者だというから、せいぜい自重するよう言うてやってくれ」「宮崎（滔天）君なんかもっとかわいそうだぞ。孫文君を連れて吉原のどこぞに入り、なんとかという女郎と翌朝の何時頃まで同衾《どうきん》していたなどということまで、知事や警視総監名義の報告書になって、わしのところに上がってきよるんだから」などとユーモアを交じえた孫文評を語らせている。遊郭《ゆうかく》通いそのものが必ずしもいけないとは思わないが、そこで使われる金がいったいどこから来たものかを考えると、この孫文評はややブラックユーモアの気配が漂う。

だが、本当に重要なのは、孫文が大金を私物化して遊蕩三昧していたのがけしからん、というレベルの問題ではない。

『民報』の編集委員を務め、革命運動の有力者の一人であった陶成章《とうせいしょう》が、辛亥革命が成立して二週間後に、孫文の指令を受けた何者かに上海で暗殺された事実こそが注目されなければならないのだ。陶成章は先述した餞別私物化事件などの孫文の行状を、章炳麟とともに各方面で激しく非難していた。陶成章はこのことで孫文の激しい恨みを買っていた。いくつかの文献は、この陶成章暗殺の実行犯は蔣介石だったとしている。

孫文と暗殺指令というと、イメージがそぐわないので驚かれる人もいるかもしれない。しかし実際の孫文はこの陶成章暗殺の件とは別に、「支那暗殺団」と呼ばれる何とも不気味な名前の組織を結成し、政敵抹殺や陰謀を次々に実行していた。この「支那暗殺団」の存在は公然の歴史的事実にもかかわらず、孫文崇拝者はこの存在に知らない振りを決め込んでいる。司馬もそうであって、彼ほどの大読書家が「支那暗殺団」を知らなかったとはとうてい思えない。

またたとえば初期国民党の有力者であり、国民党内で孫文と対立し、党外では袁世凱《えんせいがい》勢力とも激しく対立していた宋教仁が一九一三年に上海で暗殺される事件が起きる。袁世凱の仕業とみる説が多いが、北一輝はこれに孫文もかかわっているという説を『支那革命外史』でとっている。つまり袁世凱と孫文が共謀して宋教仁を暗殺したというのである。

宋教仁は孫文の大統領制度・大総統制度の考えを「独裁主義」と批判し、中国の新生のためには議会主義と議院内閣制が必要と唱えていた。宋教仁は権力集中型の独裁主義は孫王朝になり、いずれ伝統的な中国王朝の再現に終わる可能性が高いと考えていた。

孫文以上の理論派・知日派である宋教仁が生きていれば、その後の中国史は一変していたと北一輝は嘆いている。宋教仁を殺したのが孫文だとすれば、革命勢力での主導権を奪われかねない危機感からであったのだろうか。

革命家が暗殺団のような組織を結成することは決して倫理的におかしいとは思わない。革命という非日常的な世界において、革命家がテロリズムと無縁であることのほうがむしろむずかしい。しかし私欲・遊蕩にかかわるいざこざで、暗殺その他の非常手段を使うなら、革命家として褒《ほ》められたことではない。

また宋教仁暗殺に本当に孫文がかかわっていたのだとすれば、これはフランス革命のロベスピエールとダントンの間柄のようなもの。結局は私的感情・私欲による内ゲバの党派殺しに転落する革命の歴史的パターンを孫文もまた担っていたことを示す。

少なくとも頭山満や宮崎滔天が感じ、司馬が伝える爽快で私欲のない革命家像が必ずしも孫文にあてはまらないことは明らかなように思う。「いま孫文の生涯をふりかえっても、にごりというものが見られない」という司馬の言葉は、稚拙《ちせつ》とさえ言いたくなってくる。しかしこの稚拙な見解こそが依然として、中国の国父、日中友好の神話的人物としての孫文のイメージなのである。

孫文の大アジア主義演説の誤解・誤読

司馬のもう一つの孫文評である、大アジア主義についてはどうであろうか。

この演説は孫文の死の直前、最後の滞日のときになされたものだ。宮崎滔天との出会いが日本人と孫文の交わりの第一頁にあるとしたら、この神戸での大アジア主義演説は最後の頁での出来事ということになる。これを名演説だとする見解は、司馬以外の近代史家や作家にも非常に多い。

この演説がよく知られているのは、東洋の王道文化と欧米の覇道文化の対立において、東洋が劣勢にさらされてきたここ数世紀に、東洋の代表として日本がロシアを打ち破ったことを褒《ほ》め称えたこと。しかしその日本が欧米の覇道に傾斜しつつあると警告、予言したことに拠る。日本のナショナリズム的感性をくすぐりながら、その限界をも見据えた卓見というわけである。

だがこの孫文の演説の実際を最初から最後まで読んでみると、条理も、日本人への心くばりも何もない、ほぼ一方的な中国のエゴイズムの自己表明だとすぐにわかる。いったい、この演説を名演説と評してきた人々は演説の相当部分を読み（聞き）飛ばしていたのか、それとも孫文の演説そのものを読んで（聞いて）いなかったとしか思えない。

たとえば「王道とは何か」について、孫文は次のように説明している。


……中国は独強であった時、各弱小民族や各弱小国家に対して、どのようだったでしょう。当時、弱小な各民族・国家は、みな中国を上邦（宗主国）として拝し、中国に朝貢に来ることを望み、中国に藩属として受け入れられることを望み、中国に朝貢に来られることを光栄と考え、中国に朝貢に来られぬことを恥辱と考えたのです。当時、中国へ朝貢に来たのは、アジア各国だけでなく、西方のヨーロッパ各国にも、遠路を恐れずやって来るものがありました。かつて中国が、それほど多くの民族を、朝貢に来させることができたのは、どのような方法によったのでしょう。陸海軍を使った覇道により、彼らが朝貢に来るよう強制したのでしょうか。

そうではありません。中国は全く王道により彼らを感化し、彼らは中国の徳を慕って、心から望んで自ら朝貢に来たのです。彼らは中国の王道の感化を受けると、中国へ一度だけ朝貢に来るにとどまらず、子々孫々まで中国に朝貢に来ることを望みました。

孫文はこの言葉のあとに、ネパールが一九一二年まで中国に朝貢《ちょうこう》していたという事実を取り上げている。しかもネパールがインドと違っていまだにイギリスに抵抗している強国であるのは、中国に朝貢している国だからだ、とこじつけている。ネパールが一九一二年まで朝貢をしていたことも驚きだが、私にしてみれば孫文の理屈のほうがはるかに驚きに値する。

「このことから、ネパールが真に中国の感化を受け、中国の文化こそ真の文化だとネパールは見なし、イギリスの物質文明は文化だと見なさず、覇道としか考えていないことがわかります」と言う。つまり孫文が考えている「王道」とは、実は中国の古き朝貢体制、冊封《さくほう》体制を意味することがわかる。

この大アジア主義の前年、孫文は犬養毅にあてた書簡でこう述べている。

……支那の革命は、ヨーロッパ列強が最も嫌うものなのです。支那の革命が一旦成功すれば、安南（ベトナム）・ビルマ・ネパール・ブータン等の諸国は、きっとまた帰順して中国の藩属になることを願うでしょうし、インド・アフガニスタン・アラブ・マラヤ等の諸民族は、きっと支那に倣いヨーロッパから離れて独立するでしょう。

言うまでもなく王道と覇道の二分法は、古代の孟子の思想に由来する。孟子は武力・有形力による覇道ではなく、王道による徳化を中国の支配者の理想とした。端的にいえば恫喝《どうかつ》や戦争ではなく、大人の徳をもった態度で国内の政敵や国外の国家の心をつかんでいくということである。

だが中国の歴史に少しでも通じた人物であれば、王道によって支配に成功した皇帝や政治家はほとんどいないことを熟知している。王道と覇道の間には、「王道を偽装した覇道」という第三の区分があって、中国の歴史上の政治の大部分はこのタイプの覇道によって支えられてきたのである。たとえば中国の歴代王朝が依存してきた法家思想の厳罰主義は王道とはまったく相容れない覇道思想の一種であった。

この「王道を偽装した覇道」の実体を古代中世の段階から早々と見抜いて、中国冊封体制にアジア各国で真っ先に反旗を翻し、ナショナルアイデンティティにしてきたのが他ならぬ我国日本であった。西暦六〇七年、聖徳太子が隋《ずい》の煬帝《ようだい》に「日出処天子」の書を送り激怒させたことから始まった日本の中華文化圏からの独立は、六六三年の白村江《はくすきのえ》の戦い以降に完全なものになった。すなわち大和朝廷は中華文化圏への対抗意識から国名を「倭国」から「日本」に、「大王」の称号を「天皇」に変更し、冊封体制からの実質的な離脱を果たしたのである。この七世紀の史実が我が国の基本になっていることは言うまでもない。

つまり孫文が言う中国式「王道」への復活がアジアを生かすのではなく、逆に日本のような反抗こそがアジアの強国をつくりうるというのが歴史の真実なのではないだろうか。この最も重要な歴史問題に関して、孫文の演説は日本人に何も「心くばり」をしていない。

孫文のこの「王道」論の影響は、いろいろな歴史的場面に姿を現す。たとえば東京裁判の最終弁論だ。弁護団長の鵜沢総明《うざわふさあき》はこの「王道」論を持ち出し、東京裁判が「覇道」によってなされているという論理を展開した。松井石根や板垣征四郎など、多くの東京裁判被告は孫文崇拝者であり誰もが孫文の大アジア主義を信奉して生涯のテーマにしていた。

著名な法律家であると同時に漢学・中国事情によく通じていた鵜沢からすれば、孫文の理論で東京裁判の根源に反駁《はんばく》するという歴史的使命を感じていたのであろう。鵜沢の弁論は一見すると堂々たるものであった。しかしその「王道」論は、孫文への日本人の誤解が混乱に導いたという事実のみが、さびしく再確認されるだけのものだった。大アジア主義に感動した人々は、孫文の日中提携論の部分のみに感動したのであって、その歴史観の一番の基本部分である「王道」論には関心をもたなかったのである。

この大アジア主義演説には、さらにもう一つ、決して見逃すべきでない部分がある。
この演説がなされた一九二四年のロシア情勢。すなわち一九一七年の革命で結成されたソビエト政権が秘密警察や強制収容所、血の粛清、コミンテルン組織など共産主義の十八番がレーニンによって完備されたところで、彼の死により、スターリンに譲渡された時期であることを踏まえて、孫文の演説の次の箇所を追うことにしよう。

……現在、ヨーロッパに一つの新しい国があって、その国はヨーロッパの全白人が排斥しており、これをヨーロッパ人はみな猛獣・毒蛇であって、人類ではないかのように見なし、これに近づこうとはしないのですが、わがアジアにも同じ見方をする者が多数います。その国とは、どこでしょう。それはロシアです。現在ロシアは、ヨーロッパの白人と袂《たもと》を分かとうとしていますが、なぜそのようにするのでしょう。それはこの国が王道を主張して覇道を主張せず、仁義・道徳を唱えようとして、功利・強権を唱えることを望まず、公道を極力主張して、少数が多数を圧迫することに賛成しないからです。そうすると、ロシアの最近の新文化は、わが東方の旧文化に極めて合致するので、この国は東方と手を携えて、西方と袂を分かとうとするのであります。

先ほどの犬養毅あての書簡には、これに関連する内容として、次のような箇所がある。やや長いが引用する。このような荒唐無稽の話を記したのが毛沢東でも周恩来でもなく孫文であることを、二十一世紀に生きる私たちはどう受け止めるべきであろうか。

……ソビエト主義とは、孔子の説くところの大同であります。孔子は、「大いなる道が行われると天下は公となり、賢明な者や有能な者が任用され、君主の発言は誠実で行動は親切になる。それゆえ人々は自分の親だけを親とするのではなく、自分の子だけを子にするのでもなく、老人は天寿を全うし、壮年は仕事に励み、子供は養育を受け、寡夫・寡婦・孤児や身寄りのない老人、障碍者は、みな保護される。男は職業を持ち、女は婚家を得る。物資が地に捨てられるのは嫌われるが、自分で隠し持つわけではない。労力を体から出さないのは嫌われるが、自分のためにだけ使うのではない。それゆえ謀略は行われることがなく、窃盗や悪事は起こることがないため、外側の扉を閉めることもない。これを大同という」と言いました（『礼記』礼運）。ロシアの立国の主義はまさにこのようなものに他ならないのですから、どうして恐れることがありましょう。まして日本は孔子や孟子を尊崇する国であり、これを率先して歓迎し列国に宣伝すべきで、それでこそ東洋文明の国だといえるのです。

この時期、孫文率いる第三次広東軍政府・国民党グループは、ソビエト政権に急速に接近していた（孫文・ヨッフェ共同宣言など）。孫文のもとにはコミンテルンのメンバーでもあったミハイル・ボロディンが政治顧問としてソビエトから派遣されていた。

ボロディンはコミンテルン活動を展開しながら、中国史上はじめての近代軍学校である黄埔《こうほ》軍官学校創設の助言と支援をおこない、学校設立にこぎつける。教官には革命内戦の英雄として知られるヴァシーリー・ブリュヘル将軍など超一流のソビエト軍の将軍を招致した。この黄埔軍官学校の初代校長は蔣介石であったが、学校幹部には中国共産党員も取り入れられ、若き日の周恩来も幹部の一人に名前を連ねていた。

このソビエトからの全面支援こそは、孫文が長年にわたり念願してきた国家的規模での自身の革命運動への支援介入の実現であった。革命を志して以来、革命家を自称しながら、孫文は国内にいるよりも国外にいることのほうが多かった。もちろんそれは清国政府や袁世凱派に追われていたことも関係していたが、最大の理由は世界中を駆け回って、革命運動へ支援介入してくれる国家を孫文はさがしていたのである。

しかしフランス、日本、アメリカなど、孫文を本気になって支援してくれる国家はどこにもなかった。孫文の革命家としての資質への疑問と、その器量不足からくる政治的基盤の脆弱《ぜいじゃく》さを見抜かれていたからである。日本も民間レベルでの孫文支援は盛んであったが、政府レベルでは遂に支援することはなかった。日本政府に望みのないことを悟った孫文はとうとうソビエトを頼ることになった。そしてそれは、世界の共産主義化を計画し始めていたソビエトにとっては思いもかけない吉事であったのである。

大アジア主義演説をおこなった頃は、ソビエトとの蜜月が成功していたまさにそのときであった。孫文の手元にはソビエトがすでに収容所国家化しつつあり、虐殺が頻発していたという情報は多数入っていたに違いない。そして何より重要なことは、孫文はマルクス主義にかぶれたことのない人間なのである。にもかかわらずソビエト政権をヨーロッパではじめての「王道」国家と言い、犬養への書簡では孔子の「大同」を体現している国と最大級の賛辞を贈っている。このことの本当の意味は、自身のエゴイズムのためのお世辞に他ならないのだ。

つまりこの演説は、自分を支援してくれなかった日本国家への嫌味と、自分を支援してくれるソビエト国家への賞賛を言わんとすることが目的とされるものだった。私的浪費と陰謀と失敗を繰り返し、日本人有志を巻き込んだ孫文の他力本願の革命は、最晩年になってようやく日の目をみることになった。「王道」とは苦しく汚れた人生を比喩するものでもあった。孫文の「王道」もまた、伝統的中国の「王道」と同じく、「王道を偽装した覇道」の一つであった。

孫文の「王道」がこうして実現したと同時に、共産主義勢力がアジアに雪崩をうって押し寄せる悲劇が始まったのである。宮崎滔天の孫文との初対面のときの根拠のない感動は、ソビエト共産主義の誘導という巨大な、しかしさびしい一つの結末を迎えることになったのだった。

孫文に対する北一輝の酷評

ここで孫文への北一輝の酷評に戻ることにしよう。北一輝が孫文を最も嫌っていた理由は、革命における「他力本願」の性格だった。

民間レベルでの革命支援ならまだしも、国家レベルでの革命支援は「革命」の意義を失墜させるというのが北の考えだった。こうした批判について孫文は、アメリカ独立戦争において独立政府がフランスの介入支援によってイギリスを撃破した例を出し、自分たちはそれに倣《なら》うとした。

北はこれに対し「革命とは疑いなき一国内における内乱にして、正邪いずれが援けらるるにせよ内乱に対して外国の援助とはすなわち明白なる干渉なり」として、「革命」と「独立戦争」の混同を指摘し、さらに次のように述べて、孫文の革命運動の他力本願(他国本願)ぶりを激しく指弾する。ここに述べられていることこそが、北一輝の孫文への酷評の理由であった。

……革命は国士の事業。隻手国運を翻すべき意気、一夫万夫に当たるの精神、すべて犠牲の自動的なるものを要す。米国独立戦争にほとんど記すべきほどの悲惨事なくして革命の支那に惨烈なる物語のようやく多からんとするを視よ。革命は腐敗堕落を極めたる亡国の亡骸より生まれんとする新興の声なり。産まれんとする彼の児の健やかなると否とは一にただこの意気精神の有無に存す。単なる中立的承認を他力本願によりて成就したる北米移住民の易きに学びてただただ外援を哀求する孫逸仙君は、道理より推しまた事実に照らして革命運動の代表者にあらず。

そして北は、孫文の革命論に踊らされて、冷静に孫文の人柄も革命の実体も見つめようとしない日本人の支援グループについても、次のように酷評する。ここで北が言う「数十百人の」「支那浪人」たちは、そののちに生まれていく膨大な数の孫文崇拝者、大アジア主義信奉者の源流だ。

……彼（孫文）によりてこの誤解を与えられたる日本人は、その高貴なる任侠的《にんきょう》援助が革命の支那にいかように了解されたるかを省察せざるべからず。孫君の後援に集まりし「支那浪人」なる者の数十百人は任侠以外の動機を有せざりき。

孫文の大アジア主義演説の前後から、近代中国は奇妙な回転によってますます日本を振り回し始める。それは決して日本が「覇道」に傾斜していったからではない。孫文たち近代中国の指導者が「他力本願」という名の「王道を偽装した覇道」の気配をますます濃いものにしていったからである。それは、この大アジア主義演説の少し前、日本の大隈内閣が袁世凱政権に対しておこなった対華二十一か条要求での矛盾した姿勢によって、その例の一つを見ることができる。

対華二十一か条要求で最も問題になったのは、日本人の政治・軍事顧問の雇用要求や日本製の武器購入を記した五号要求の部分で、今日に至るまで日本の侵略干渉の神話的存在として語られ続けている。この要求がなされたとき、孫文は袁世凱に大総統の地位を譲りいったん下野しており、中華革命党（のちの国民党）代表の地位にあった。孫文たち中華革命党の面々は二十一か条五号要求の内容に激怒したということになっている。

だが、その「激怒」ほど矛盾したものはない。すでに述べたように孫文は一九二〇年代に入り、ソビエト国家の全面支援を受け、ボロディンたち政治・軍事顧問を大量に受け入れて有頂天になっている。つまりこのような干渉介入を目指すことこそが孫文の目的であった。孫文たち中華革命党＝国民党の激怒とは、自分たちにではなく袁世凱政権に対してその五号要求をなしたことに嫉妬《しっと》していたことを意味する。

さらに孫文は一九一五年当時、日本の中国における優越的地位を条件にして革命運動の資金協力をする内容の「日中盟約」を日本と締結している。ここには「日本人政治・軍事顧問の受け入れ」という、二十一か条要求五号要求とまったく同じ内容のものが存在している。この「日中盟約」の件からしても孫文が怒ることはまったくありえない。実際、孫文たち中華革命党首脳が「二十一か条要求は当然の内容である」と主張していたという説も有力に存在する。

しかし袁世凱から政権の主導権をふたたび獲得した孫文は、二十一か条要求によって急激に盛り上がり始めた反日運動の機運に乗じることになった。孫文がこの要求に激怒したという話は、この時期すなわち一九二〇年前後につくられたフィクションであると考えるべきであろう。

中国では二十一か条要求を受諾した五月九日は国恥記念日とされている。孫文がもし日本人の革命支援に本当に義侠心を感じ、日本を敬愛している「親日派」ならば、これについての明確な発言を後世に残すべきだった。二十一か条要求のときから孫文の死まで、十年間という充分の時間があったのだから。しかし彼はそれをしなかった。この国恥記念日の存在は、日本人の好意をすべて無にした孫文の作為として記憶されるべきものではないかと私は考えている。

孫文は大アジア主義演説の翌年の一九二五年に病死する。孫文の後継については胡漢民《こかんみん》や汪兆銘なども有力であったが、結局、蔣介石がおさまることになった。この蔣介石は孫文の「他力本願」の性格を完全に承継しつつ、孫文が扉をひらいた反日ナショナリズムを最大限に活用する。

他力本願の継承と松井石根の悲劇

蔣介石は当初は孫文路線のままソビエトの干渉支援のもと、混乱状態の継続していた中国の軍事統一を目指した。しかし蔣介石は次第にソビエトの支援に対して距離をおくようになり、国内での共産党弾圧を開始したこともあって別の依存相手をさがす。ここで蔣介石は、自身の留学先であった日本に心を寄せ、一九二七年に来日した。このとき頭山満のような旧世代の親中国派だけではなく、松井石根らのような新しい世代の親中国派が蔣介石を大いに歓迎し、日中提携論を主張した。

この松井石根こそ、近代以降の日中関係史を追う上で、最大の悲劇的人物であったと言うべきであろう。陸軍随一の親中国派であった松井は孫文とその大アジア主義に共鳴し、孫文の死後は蔣介石をその最良の後継者とみなし、来日の折には日本陸軍の最先頭に立って意気投合する。

しかし孫文のときがそうであったように、日本政府は蔣介石との同盟に踏み込まなかった。孫文・蔣介石が吹聴《ふいちょう》する大アジア主義のあやしさに冷静に気づいており、中国大陸への深入りには正しく慎重だったのである。こうして日本政府に相手にされなかった蔣介石は、次にドイツとの提携を模索する。ナチスが政権獲得した直後のドイツは対アジア戦略をすすめつつあり、その申し出を受け入れた。こうして多数の軍事顧問団と膨大な軍事支援がドイツから中国に派遣される。「対華二十一か条五号要求・ナチスドイツ版」の成功である。

親しみ深い演技の得意な孫文に比べると、蔣介石は冷酷さを隠さない性格の持ち主であった。日本政府に相手にされなかった孫文がその反面で頭山たち私人との交友と厚情を大事にしたのとは違い、蔣介石は日本政府との蜜月に失敗したとなると、支援の急先鋒である松井との親交をあっさりやめてしまう。日本訪問から九年後の一九三六年に二人は再会するが、「今後は部下を通じてのみ話をしてくれ」と蔣介石に冷たく言われ松井は失望する。国民党政権内部の腐敗も清廉《せいれん》な性格の松井を落胆させた。「なかんづく蔣介石ならびにその一派の少数与党が支那を私視し」と、この頃の松井は語っている。

蔣介石による中国統一は不可と判断した松井は「中国は連省自治・連邦国家が好ましい」と考えるようになる。これは大アジア主義からの後退を意味していた。しかし、中国への愛情だけは決して失うことはなかった。

やがて始まる日中戦争では、日本側主力部隊である上海派遣方面軍司令として上海・南京の激戦に勝利する。南京陥落により蔣政権との講和を模索するが、蔣介石は講和に応じる様子はなかった。失意の松井は以後、軍の第一線から退き、仏教信仰と民間でのアジア主義運動に専念する日々を送る。

しかし蔣介石政権の策謀した南京事件の首謀者にしたてあげられるという人生最後の悲劇が松井に待っていた。「ただ多年心と身を賭《と》して志したる日華の提携とアジアの復興をとげず、却ってわが国家百年の基を動揺せしめたることは遺憾の極み」。これが東京裁判の処刑判決ののち、巣鴨プリズンの刑場の露《つゆ》と消えた松井の遺言である。松井は現代中国では「日本のヒトラー」という最悪の評価を受けたままである。

蔣介石にしてみれば、松井のような純真なアジア主義の感情など、どうでもよかったのである。西安事件による第二次国共合作などもあったが、蔣介石はドイツと親密な関係を維持した。日中戦争が始まった一九三七年は、ヒトラーと蔣介石の蜜月が頂点に達しているときであった。ドイツ軍事顧問団と蔣介石は対日戦争に勝利する確信を抱くほどの軍備を固めていたが、しかし松井らが率いる日本軍の粘り強い戦いの前に中国軍は劣勢となり、ドイツは中国支援から手を引く。ヒトラーに見限られた蔣介石は次に、日本封じ込めを狙《ねら》っていたアメリカとの連携に目をつける。

めまぐるしいほどの「他力本願」である。だが私は孫文が存命でも、最低限に見積もって、蔣介石と同じような行動を継続したに違いないと考える。収容所国家ソビエトを「王道」と言ってのける孫文ならば、ナチスドイツや日本封じ込めを狙うアメリカをも「王道」として提携することに何の躊躇もなかったであろう。日本は結局のところ、孫文率いる中国と泥沼の戦いを演じることになったに違いない。その中でやはり松井のような純情な親中国派の心の多くが犠牲になったことであろう。

孫文の後継者・蔣介石の命運

孫文を正しく後継した蔣介石の命運はその後、どうなったか。近代国家としての体裁も整わないまま、第二次世界大戦の連合国の一員となった蔣介石・中華民国は、戦局が連合国に決定的に有利になってからも連戦連敗を繰り返す。そして終戦直前になってアメリカから実質的に見限られる窮状に陥った。アメリカは蔣介石にとって最も重要な大戦末期から朝鮮戦争前夜の時期にまったく冷淡だった。ここで蔣介石は、敗戦直前だった日本に目をつけ、その日本を味方につけるという究極的な「他力本願」をやってのける。

蔣介石の策謀により、敗戦直後の日本軍旧軍人たちによる事実上の軍事顧問団の白団《ぱいだん》が結成されたのはこの流れの中によるものであった。白団は、「遅すぎる二十一か条五号要求」の実現であり、「遅すぎる日中提携」の実現でもあった。

国共内戦に敗れ、台湾に逃れたときも白団は随行し、台湾軍士官学校の創設など台湾の軍編成に力を尽くした。蔣介石は国家主席であるにもかかわらず、彼ら日本人教官の授業の最前列に座り、一学生のように授業を聴講し、熱心にノートをとっていたのはたいへん有名な話である。

一九五四年、アメリカと台湾の間に米華相互防衛条約が結ばれ、アメリカは蒋介石政権をふたたび重視するようになる。条約締結と同時にやってきたアメリカ軍顧問団は、白団の存在に抗議する。それに対して蒋介石はこう厳しく言い返したという。「あなたがたがわれわれを見捨てたときに、日本人の元将校たちは生命の危険を顧みずにわれわれを助けにきてくれた友人である。私の存命中はいかなることがあっても、彼らを追い返すわけにはいかない」

ソビエトを頼みにしてアジアの共産主義化を招き、ナチスドイツやアメリカを頼みにして日本と全面戦争した孫文・蒋介石の「他力本願」は地球を一周してふたたび日本にたどり着いたのである。

だが私はこの段階の日本との蜜月に、少しも感動をおぼえない。蒋介石は台湾の軍制においてこれほど日本の存在を重視しながら、軍の外の国民教育においては反日主義教育を徹底、旧統治下での日本的なるものの排除に努めていたのである。

これはコミンテルンの支援干渉を受けつつ、国内的には共産主義弾圧を繰り返していたかつての大陸時代の二枚舌のやり方と何一つ変わらない。台湾において親日主義は、まるで共産主義思想と同じような扱いを蒋介石から受けていたのである。台湾政権の反日主義教育は一九七

○年代まで継続し、親日主義思想は国民党政権の白色テロ、恐怖政治にさらされ続けていた。「他力本願」を繰り返し、「王道」や「大道」という言葉を使ってお世辞を言い、しかし本心では、依存している「他」に、決して気を許すことはない。大アジア主義演説以来の孫文の手法は、蔣介石政権の後期である台湾統治において最もわかりやすい形で完成したと言えるのかもしれない。言い換えれば、台湾の本省人たちこそが、孫文の大アジア主義の「最後の被害者」であった。

日本は孫文の「忠実な番犬」

日本とのかかわりを追うにつけ、孫文・蔣介石には「親日」も「反日」もなく、ただ他力本願という「現実主義」があっただけだとわかる。しかしそれを認識しながらもなお、彼らが本心のところで日本人をどう考えていたのか、私には気にかかってしまう。

とりわけ多くの日本人の善意を受けた孫文が何を日本人に感じていたのか、本当に日本を利用対象としか考えていなかったのかどうか。本当はどこかで孫文は気の許せる人物だったのではないか、と平凡的日本人の感性の持ち主である私はどこかで期待する気持ちも捨てきれないでいたのである。

しかし、次のようなエピソードがそんな私の気持ちを完全に消し去ってしまった。このエピソードはやはり孫文の熱心な日本人支援者である山田純三郎《じゅんざぶろう》の「孫文先生の対日観」に記されている。この文章を保阪正康氏の『孫文の辛亥革命を助けた日本人』も引いている。一九二三年、孫文が広東革命政府の代表の地位にあり、ソビエトの支援を得つつあった頃である。

当時、中国では全土で反日運動が活発化していた。それは広東でも同じで、既述したように、孫文率いる広東政府はそれに乗っかる姿勢をとり始めていた。しかしこのとき、孫文はいったん、広東内の反日運動をおさえる行動に出た。そのことに怒り狂った学生運動の代表者が孫文のもとに直談判にやってくる。山田はたまたまその場に居合わせたのである。

山田によれば孫文は、次のような言葉を反日主義学生たちに言ったという。

……学生たちは将来は政治家になって、国家を救うようになってもらいたい。いま君たち学生の本分というのは、勉強をすることだ。勉強して政治家になってもらいたい。いまはわれわれ政治を進めている者にまかせてほしい。君らが単純に排日を言うのは決して正しくない。私がひとつの例をお前たちに示そう。……私の家というのは、旧家だった。財産もあった。昔はおおいに栄えた。ところが当主が非常になまけ者で、おまけに遊んでばかりいた。バクチは打つ、阿片は飲む。そういう当主だったから、家は次第に傾いていく。軒は傾き、雨は漏り、垣根は破れる。泥棒が入って、財産も盗んでいく。……ところがあるときから、軒が傾き、雨は漏る、垣根が破れているのに泥棒が入らなくなった。なぜか。それは非常に忠実な番犬を飼ったから、入らなくなったんだぞ。……もし忠実な番犬がいなくなったら、勝手に強盗が入ってくるではないか。その番犬に一片の肉でも与えておかなかったならば、番犬はすぐに逃げてしまうではないか。番犬が逃げれば、次の日から強盗が来るではないか。君らにはこの意味がわかるか。……すなわち、忠実な番犬とは日本のことだ。強い日本がここにいるから、われわれは白人から侵略的な略奪にあわずにこうしていられるんだ。

孫文の「忠実な番犬」の比喩に、猛《たけ》り狂っていた反日主義の学生たちはすっかり納得し、おとなしくひきさがっていったという。つまり孫文と学生たちは、日本人を「忠実な番犬」と考えることで平静さを取り戻せたのである。

孫文の歩んだ道のりからすれば、「忠実な番犬」は日本でもアメリカでもソビエトでもよかったのだ。少しでも強く、少しでも自分の言うことを聞いてくれる「忠実な番犬」の存在。これが孫文率いる国民党の「他力本願」の「他力」の正体である。蔣介石もまた世界中の国々＝「忠実な番犬」を飼い、中国大陸にひきいれ、自身の延命に利用しつくした。そしてその傾向は孫文・蔣介石だけでなく、反日主義で暴れまわっている学生たち、いや中国人そのものの性格かもしれないことを、このエピソードは鮮やかに示していると言ってよいだろう。

哲学者ヘーゲルの言葉に「認識の奴隷《どれい》」という比喩がある。奴隷がいて主人に雇われている。両者の上下関係は一見すると明瞭そのものである。しかし主人の側は、上下関係が明瞭であればあるほど、自分に雇われている奴隷の自分への認識が気になって仕方ない。畏《かしこ》まっている奴隷は、本当はいったい自分をどう考えているのか。殺したいほどにくいと思っているのではないか。忠実であればあるほど気になってしまう。こうして主人の側が「奴隷の認識の奴隷」と化していく。いつのまにか主人と奴隷の関係が逆になっていく。

近代中国と日本の関係もこの「認識の奴隷」の比喩があてはまるのではないかと思う。中国側にすれば「忠実な番犬」のレベルで日本を捉えている。しかし「忠実な番犬」にどう思われているのか仕方なくなってしまう。「忠実な番犬」へのこびへつらい、根拠のない嫌悪、軽蔑《けいべつ》。そして「忠実な番犬」を他の国へとよく取り替える。他の国＝「番犬」を取り替えれば、しばらくの間、「認識の奴隷」から自由でいられるからである。「忠実な番犬」を常に追い求める孫文以来の近代中国人は実は「忠実な番犬の認識の奴隷」だと言うことはできないだろうか。

一言で言えば孫文の「忠実な番犬」思想とは、中国人の日本人への「奴隷根性」に他ならない。だからこそ日本側の「親中国」は、すべて中国側において逆に解釈されてしまう。そして時折見せる中国の「親日」は、「忠実な番犬」をさがすための演技と考えるべきであろう。時折、その「忠実な番犬」の順番が世界を一周して日本に戻ってくる。これが孫文の「親日」主義の示したものの本当の意味に他ならない。

第三章

実現不可能な幻想としての満州

影佐禎昭
（1893〜1948）

松井石根
（1878〜1948）

石原莞爾
（1889〜1949）

ウルトラマンにみる「地球国家」

一九六六年から製作放映された特撮テレビ番組「ウルトラマン」シリーズはスタートから五十年近い歳月が経過しているにもかかわらず、多くの根強いファンを今日にいたるまでもっている作品群である。

子供向け番組なのに、決して子供向けにつくっていない、思想的メッセージの濃いSF的性格が人気の故だと思う。特にシリーズの初期の作品である「ウルトラマン」「ウルトラセブン」には思想的メッセージが強くある、世界的レベルでの傑作である。

子供の時分に観て以来（私は「ウルトラマン」シリーズはすべて再放送ではじめて接した世代の人間である）、大人になった今でも納得がいかないエピソードが、ウルトラマンシリーズにはずいぶんある（私は今でも年に数回は「ウルトラマン」「ウルトラセブン」を観る）。

たとえば、有名なバルタン星人が初登場する「ウルトラマン」第二話「侵略者を撃て」がそうだ。

バルタン星人の故郷の星はある狂った科学者の実験により爆破消滅してしまったが、そのときたまたま宇宙空間で旅行中だった二十億三千万（！）の人は助かった。それら助かったバルタン人のうちの大部分はバクテリア状の形に縮小冷凍され、自分たちの新しい故郷を求めて宇宙をさまよう難民となった。彼らバルタン難民が宇宙船の故障の修理のため地球に立ち寄り、宇宙科学センターを占拠するところから、この「侵略者を撃て」の話が始まる。

「ウルトラマン」をご存知の方にはもちろんお馴染みであるが、ウルトラマンには怪獣や宇宙人の出現に対処する科学特捜隊という五人のメンバーによるグループが登場、毎回のストーリーを主導する。パリに本部があり、日本はじめ世界各地に支部をもつ科学特捜隊の性格についてはいろいろな考察が可能だが、ある種の国連軍とみるのが妥当であろう。この科学特捜隊の一員ハヤタ隊員を不慮の衝突事故で死なせてしまったM78星雲の超人ウルトラマンは、自分とハヤタを運命同一体にし、しばらく地球にとどまることを決意する。ハヤタ＝ウルトラマンであることは、科学特捜隊など周囲の人間には完全に秘匿されている。

さて科学特捜隊と自衛隊は対策会議の末、不意の訪問者であるバルタン星人と話し合いを求めることになった。彼らの意図、要求を聞き、提供可能なものがあったら提供して立ち去ってもらおうというわけである。バルタン星人が占拠中の宇宙科学センターに地球代表として赴いた科学特捜隊のメンバーのイデ隊員とハヤタ隊員の前に現れたバルタン星人（科学特捜隊のアラシ隊員に乗り移っている）との間に、次のような会話が交わされる。

（バルタン星人）「我々の旅はこれで終わったのだ。地球は我々にとって住みよいところになるだろう。我々は地球に住むことにする」

（ハヤタ）「いいでしょう。君たちがこの地球の風俗習慣に馴染《なじ》み、地球の法律を守るならばそれも不可能なことではない。君たちは何名いるのか？」

（バルタン星人）「二十億三千万ほどです（中略）われわれは地球をもらう」

このあと話し合いは決裂し、バルタン星人代表は巨大化し、東京の街を攻撃し始める。自衛隊は巨大バルタン星人に対し、核ミサイル「ハゲタカ」を使用するが跳ね返されてしまう。「ウルトラマン」シリーズで正々堂々と核兵器が使用されたのはおそらくこの回だけであろう。しかも自衛隊による核使用である。こうしてウルトラマンと巨大バルタン星人の闘いになるのだが、勝利したウルトラマンは二十億三千万人のバルタン人がバクテリアとして眠っている宇宙船も爆破し、話は「侵略者への勝利」によって終わる。この話には続きがあり、このウルトラマンの爆破から奇跡的に脱出した少数のバルタン星人が幾度も「ウルトラマン」シリーズに登場し、地球を荒らしまわる。

私が子供の時分におぼえた違和感は、いくら何でもバルタン星人全員の殺戮《さつりく》はひどいのではないだろうか、ということであった。確かにバルタン星人たちは厚かましい。移民の身分で、立ち寄った地球という土地を先住民＝地球人の意志にかかわりなくもらおうと考えている。しかも局地的とはいえ先制攻撃をしかけてきた。しかしそのバルタン星人に「ウルトラマン」シリーズ唯一の核攻撃をおこない、さらに移民希望者全員を殺してしまうことが果たして許されるのであろうか。許されるとしたら、その根拠は何であろうか。

表面的には勧善懲悪を単純に説いているようにみえる「ウルトラマン」シリーズには、実はその「善」の成立そのものに重大な謎が存在している。

科学特捜隊が怪獣や宇宙人に苦戦しているところにウルトラマンは毎回登場し、それらを倒してくれる。問題は毎回の勝利後である。正体不明の巨大宇宙人であるウルトラマンが、怪獣や宇宙人を倒してくれた。その毎回の善意は何であるか、いやその行為が善意であるかどうかさえ明らかでないまま、科学特捜隊はじめ地球側は笑顔のもと日常に帰る。自分たちを助けてくれるウルトラマンの存在や彼の内面については、何の疑問も探究心もないまま、話は次の回へと繰り返されていく。この毎回のハッピーエンドと地球人の無思慮自体が「ウルトラマン」

シリーズの最大の謎なのだ。

可能であると思われる説明の第一は、「ウルトラマン」シリーズの世界設定が戦後日本の安全保障体制の精神構造を反映しているということである。地球＝日本、科学特捜隊＝自衛隊と置き換え、ウルトラマンの存在は駐留アメリカ軍と考えてみるのだ。確かにこの番組には「結局、ウルトラマンがいるんだから自分たちは地球（＝日本）防衛に関しては何もしなくていいじゃないか」という消極的なテーマがある。たとえばウルトラマン第三十七話「小さな英雄」ではイデ隊員が「ハヤタ……感じないか？　自分たちがいくら頑張っても結局、ウルトラマンが敵をやっつけてくれる。自分たちは何のためにいるんだ？」と悲しげにつぶやく場面がある。

しかしたとえそうした消極的テーマがあるにしても、「侵略者を撃て」のバルタン移民絶滅の話は異常という他ない。しかも移民代表のバルタンに向かって「いいでしょう。君たちがこの地球の風俗習慣に馴染み、地球の法律を守るならばそれも不可能なことではない」と言っているのは、地球人にとってこの間まで赤の他人であったハヤタ＝ウルトラマンなのである。ハヤタ＝ウルトラマンこそ「移民」ではないか。そのウルトラマンがバルタン星人と違い、地球に住むことを許されているのは、「地球の風俗習慣に馴染み、地球の法律を守る」からなのだろうか。

こう考えると、ウルトラマンの架空世界＝地球を「戦後日本」の比喩とだけとらえることには明らかな無理がある。日本は史上かつて一度も本格的な移民国家だったことはないし、また些細《ささい》な侵略的行動や発言に対して核兵器で攻撃するようなことはない。ウルトラマンの架空世界の地球とはどこなのであろうか。

建国の精神が崩壊した移民国家

「ウルトラマン」シリーズの架空世界の未来では国家間の対立や干渉はまったくと言っていいほど解消されている。ウルトラマンやウルトラセブンが地球上の国家対立に関与する話は皆無である。地球連邦のようなものが成立していて、地球は対宇宙に対して「一つの国家」の存在になっているのは明らかであると言えよう。しかしこの地球＝「一つの国家」は、他の惑星＝「他の国家」とリアルな国際関係を築いているかというと、必ずしもそうではないのだ。

ウルトラマン第二話や第十八話「遊星から来た兄弟」、第三十九話「さらばウルトラマン」などの話の内容からすると、宇宙人＝外国人そのものが依然として未知の存在で、この「地球国家」はどうも独立国としてはかなり未熟なようにみえる。「外交」そのものが存在しない国家、それどころか外国を認識できていない国家などがこの世界に果たして存在するのだろうか。

「ウルトラマン」の後継番組の「ウルトラセブン」に移行すると、他の惑星の囚人の逮捕をその星から依頼された第七話「宇宙囚人３０３」、他惑星に打ち込んだ探査ロケットを侵略行為と勘違いされて攻撃を受けてしまう第十四話・第十五話「ウルトラ警備隊西へ」などの回があり、だいぶ国家らしくなってくる。国連軍的存在だった科学特捜隊は、地球防衛軍の特殊部隊であるウルトラ警備隊に名前を変えている。しかし依然として「宇宙人の大使館」とか「宇宙人との国際法」、「宇宙人の留学生」といった要素にかかわる話はまったくないままである。「地球国家」が日本だとすれば、近隣のやかましい国に防衛力削減など要求されそうだが、そういう話も存在しない。

この「地球国家」の正体のヒントは「ウルトラセブン」四十二話「ノンマルトの使者」にあるように思える。地球には実は先住民族ノンマルトがいて、地球人と思い込んでいる現代の人類は先住民族を占領征服した侵略者だという地球前史が明らかになる、という話である。地球はもともと「ノンマルト」だったというわけである。ノンマルト人は地球人とうまくいかず、やがて追いやられた先の海底に住んでいるのだが、地球人の海底開発によってその移住先も危機に瀕《ひん》し、地上攻撃を開始する。

ウルトラセブンは苦渋の選択の末、地上の地球人のためノンマルトを滅ぼす。反省や悔悟がウルトラセブンやウルトラ警備隊を襲うが後の祭りである。「ノンマルトの使者」の話の後味の悪さは、そのわずか一年前に放映されたバルタン星人の移民殺戮の話のハッピーエンドの軽さと対照的で、製作スタッフの観念的な苦闘振りがうかがえる。「地球国家」は複数の民族が存在する国家、しかも先住民族と移民の対立や戦争を伴い形成された国家なのだ。

当時、この未来の架空世界の地球のイメージにあたる国と言えば、まず第一にアメリカ合衆国であろう。アメリカであれば、些細な先制攻撃やコントロールの効かない移民に対して核攻撃することもありうる。

だがアメリカは、先住民族を侵略して征服した事実に対して反省や悔悟をするということはまったくない国である。「ノンマルトの使者」の話のような反省や悔悟と、アメリカという国の建国精神は相容れない。バルタン星人殺戮のときは生き生きとしていた「建国精神」が、「ノンマルトの使者」において崩れ去ってしまったとみるべきではないか。「侵略者を撃て」と「ノンマルトの使者」の架空世界が一続きの「一つの国家」だとすれば、その架空世界＝地球は、「アメリカをモデルにしつつもそれが瓦解崩壊した国家」と言えるのではないだろうか。

サブカルチャーの世界でアメリカの建国精神の体現は、「スーパーマン」にみることができる。

「スーパーマン」の主人公クラーク・ケントは故郷のクリプトン星が爆発消滅した際に地球にたどり着き育てられた「移民」である。だが成長し活躍するスーパーマンに、異人としての悲哀はまったくない。彼は心底、アメリカ人に成り、そのアメリカに感謝し、アメリカの正義を何一つ疑うことはない。スーパーマンはお節介なアメリカ政府そのもののように、頼まれてもいないのにピサの斜塔の傾斜を直したり、もとに戻したり（！）、国連総会で鼻持ちならぬ平和主義演説をおこなったりもする。

移民国家の建国精神とは「スーパーマン」の世界にある軽々しさ、厚かましさのようなものを言うのである。日本人にはとてもそのような精神を描くことはできない。だが、それがゆえに、あえて日本人の手で、「移民国家」のような話を空想的に描こうとするときに、日本人が手がけた歴史上唯一の「移民国家」の体験記憶が私たちの中に文化的遺伝子として根ざしていることに必然的に直面する。その「移民国家」とは、一九三二年から四五年まで中国大陸に存在した満州帝国のことである。

正確に言えば、「ウルトラマン」では未来の架空世界の地球全体を、最初、アメリカのような人工的な多民族国家のような理想的・楽観的なものとして捉えていたイメージがあった。そのイメージが成功に至らなかった満州国＝ノンマルトのイメージへと変遷していった、ということになるのではないだろうか。

地球を何の利益にもならないまま保護し、防衛し、愛し、そしてその一員としても加わり、果てしない闘いの中で、ついには母星＝母国に帰る運命を余儀なくされるウルトラマンのアルカイックな無表情は、満州国に命運を託した戦前日本人の気持ちそのものだったのではないかと思う。「ウルトラマン」シリーズの圧倒的な人気と、満州国への夢と挫折とは、無意識的記憶の部分において私たち日本人の根源に大きなかかわりをもっている。

満州国とアメリカ合衆国の類似性

前章まで述べてきた日本と中国大陸のかかわりは、明治維新前後の日本の内部での複雑な近代化の事情、その中で生まれた中国への幻想や改造計画の野心、日本を利用しようとしつつ日本を見放した孫文と蔣介石の他力本願の革命を経て、コミンテルンその他の勢力と日本が中国大陸で騒乱に巻き込まれる段階に到達した。ここで登場するのが満州国計画とその実行である。「ウルトラマン」の比喩で考えたように、満州国は「二十世紀におけるアメリカ合衆国」という面でその性格を検討することが可能である。満州国とアメリカ合衆国の類似性については、阿川弘之・猪瀬直樹・中西輝政・秦郁彦・福田和也の座談会（『二十世紀　日本の戦争』文春新書に所収）で述べられている。たとえば次のようなくだりがある。

……（福田）さきほど、アメリカ合衆国と満州国を比較する話をしましたが、僕はアメリカ人と歴史の話をするとき、多少、意地悪な気持ちで、満蒙《まんもう》開拓団とピルグリム・ファーザーズとどっちが悪いと思う？　と訊《き》くことがある。彼らはインディアンを虐殺したじゃないか、と。

（猪瀬）しかしアメリカは成功して、満州国は結局、地上からなくなってしまった。比べてはいけません。アメリカは過《あやま》ちは少なくないが、とりあえず独立宣言を起草してますから。日本における満州は、そういう意味ではホームランではなく単にホームラン性の大きなファウルに過ぎなかったと思います。

（中西）満州国がアメリカにならなかったのは、当時の世界情勢に合わない、非常に時代遅れの帝国主義をベースにしていたこともありますが、しかし、最終的には日本が戦争に負けたということに尽きてしまう。ピルグリム・ファーザーズの母国であるイギリスは勝ち続けたし、アメリカはその戦争に勝って独立した。十八世紀のオーストリア継承戦争や七年戦争

で、イギリスがフランスに負けていたなら、アメリカ合衆国は全く存在しなかったでしょう。

満州国は決して単なる日本の一傀儡《かいらい》政権ではなく、また領有化の延長に過ぎない存在でもなかった。

台湾国民党や中国共産党は決して認めないだろうが、歴代中国王朝にとって万里の長城より北の地域は領土とは認識されておらず、満州は清時代ですら封禁《ふうきん》の地（満州族の故郷であるので漢民族は立ち入りを禁じられていた）として中国本土とは区別されて扱われていた。清朝崩壊後は、張作霖《ちょうさくりん》ら地方軍閥が強権的な支配をおこなっていたが、地方軍閥とは地方の大ヤクザのようなもので、その支配に政治的な意味はほとんどないに等しい。

国際法的な領有主権がどこにもないとまでは言えないにしても、「近代アジアの交通空間」（福田和也）と言うべき空白的な性格の土地だったことは事実である。漢民族支配と別個の地域だった満州を、満州族の力で独立させたいという独立運動は清朝崩壊後から存在している。この独立運動は日本軍と次第に呼応する関係をとりつつあった。征服民族が主体であるアメリカ合衆国の独立運動よりもある意味、ずっと純粋な独立の根拠があったと言える。

もちろん日本側からすれば、こうした独立運動とは別個に、近代国家として自立する上で、満州はロシアの南下を防ぐ最重要の前哨《ぜんしょう》地帯であった。

満州地域の重要性は一九二〇年代に飛躍的に増大する。既述したように孫文たち中国革命勢力がソビエトコミンテルン勢力と提携したため、ロシア帝国時代以上の南下侵略政策がソビエト国家によっておこなわれることが懸念されるようになった。しかも共産化計画を伴って、である。満州地域の確保は国土防衛だけでなく、アジアの赤化防衛の条件と化してきた。この危機感の現れが極限に達したのが満州事変である。満州事変は決して関東軍の謀略という卑小なものではなく、日本および日本軍の当時の全体的な意思の現れであった。

しかし当初、満州事変を計画実行した石原莞爾、板垣征四郎、土肥原賢二らの面々には、満州国独立の意図はなかった。日本は孫文から「万里の長城以北には中国は関与しない」「革命政権は日本に満州を譲渡する」という言質《げんち》をすでに得ていたからだ。満州事変ののち、朝鮮半島の延長として満州を領有化するとしか考えていなかった。しかしこの意図は急変することになる。福田和也氏によれば、満州事変が佳境にさしかかった昭和六年末あたりから、満州事変の計画グループの頭脳的存在であった石原が領有論から独立論に考えを変更した。これが独立論の原因だという。以降、日本は満州地域の独立運動を受け入れる形で、満州国独立に向かい、実現することになる。

満州国は五族協和（日本人、満州人、漢人、蒙古《もうこ》人、朝鮮人）を理念として掲げた。しかし国民構成の比は圧倒的に漢民族が多数である。もし「満州領有論」であれば、日本人の主導のもと、各民族は平等に扱われるから、支配地域の民族構成なり割合はさほど問題にはならないであろう。しかし独立国ということになれば話はまったく別になってくる。いくら皇帝が満州人の溥儀《ふぎ》であっても、政府公務員や独立軍の大多数が漢民族であることは避けられず、漢民族は彼らの手法、文化を持ち込むであろう。

また張学良《ちょうがくりょう》が逃げ込んだ先の蔣介石政権の問題もある。蔣介石は一九二七年、日本訪問から帰国したのちに「われわれは、満州における日本の政治的、経済的な利益の重要性を無視しえない。また日露戦争における日本国民の驚くべき精神の発揚を認識している。孫先生も、これを認めていたし、満州における日本の特殊的な地位に対し、考慮を払うことを保証していた」と日本の満州での権益を認める発言をしている。しかし機をみるに敏、他力本願を繰り返す蔣介石が、いつ手のひらを返し発言を撤回するかわかったものではない。だいたい満州国最大の仮想敵国であるソビエトと孫文・蔣介石が依然として蜜月なのである。

これらのことを考えるに、よほどの漢民族・中華民国との提携の確信がない限り、満州領有論を満州独立論に発展させることはむずかしいと考えなくてはいけない。特に蔣介石の態度が大きな留保条件としてのしかかってくる。しかし石原の頭脳の閃《ひらめ》きは、満州独立論にゴーサインを出す。

私は満州国という二十世紀最大の人工的移民国家の実験は、石原の対漢民族観・対中国観にあまりに多くを依存しすぎたと考えている。これがさらなる中国大陸での日本人の悲劇を生むことになる。日本人自身の心理に「ノンマルトの使者」の物語のような暗い反省と悔悟を植えつけることになってしまった根源に、石原莞爾という稀代《きたい》の才人の対漢民族観・対中国観が存在するのだ。それはいったいどのようなものなのだろうか。

石原莞爾の世界最終戦争論の歯痒さ

石原莞爾の名前を今日に至るまでよく知られたものにしているのは、言うまでもなく世界最終戦争論である。その壮大な思想のロジックの中から満州国という存在は紡ぎ出されていった。ここであらためてその世界最終戦争論の大筋を追うことにしよう。

石原によれば二十世紀の世界各地の戦争は、十九世紀の国民国家戦争の延長のもとに理解されなければならない。そしてこの戦争は次第に各文明圏の国家連合のようなものを形成する方向に向かうと石原は考える。この理解だと、たとえば二度にわたるヨーロッパ大戦は、ヨーロッパ文明圏における国家連合に向かうための営みということになるわけである。

国民国家間の戦争によって、世界は二十世紀半ばまでに四つに集約される。ヨーロッパ文明圏、ソビエトを中心とした社会主義文明圏、アメリカを中心とし南米大陸全体を含むアメリカ文明圏、日本を中心とした東亜文明圏である。そしてこの各文明圏間でふたたび戦争がおこなわれ、最終戦争に勝利した文明圏が世界の中心となる。ここで世界は統一を果たし、その前史を終えるという。

世界最終戦争の「組み合わせ予想」はどうなるのか。石原が世界最終戦争論を講演の形で最も明瞭に言語化したのは一九四〇年、大東亜戦争突入直前の時期である。まず社会主義文明圏は、スターリンの死によって崩壊する可能性が高いとする。またヨーロッパ文明圏においては、ドイツ・フランス・イギリスなどの強国の争いが尽きることがなく共倒れに終わる。そして石原は次のように断じる。

……そうなって来ると、どうも、ぐうたらのような東亜のわれわれの組と、それから成金のようでキザだけれども若々しい米州、この二つが大体、決勝に残るのではないか。この両者が太平洋を挟んだ人類の最後の大決戦、極端な大戦争をやります。その戦争は長くは続きません。至短期間でバタバタと片が付く。そうして天皇が世界の天皇で在らせられるべきものか、アメリカの大統領が世界を統制すべきものかという人類の最も重大な運命が決定するであろうと思うのであります。

石原はこの世界最終戦争論の骨格を一九二三年から二五年までのドイツ留学のときにだいたい完成したようである。当時のドイツは第一次世界大戦の敗戦後の混乱時であり、極度のインフレーションと国民の精神崩壊を目の当たりにする。戦争は単なる国家間のエゴイズムの闘争の場でなく、文明の生成や破壊をもたらす巨大な歴史的現象だと彼の目には映ったに違いない。石原はその精神的衝撃から、国家間戦争を一種の歴史弁証法として捉えることを身につけたのである。

石原は狂信的なほど法華経・国柱会を信仰し、日蓮の人生に傾倒していたことで知られる。もちろん、日蓮の言葉に世界最終戦争論のようなものはない。しかし日蓮はその反骨的なナショナリストとしての人生の中で、数多くの政治的予言をおこなった。石原が日蓮に惹《ひ》かれたのは、迫害される予言者の性格であった。この予言者的性格はキリストにも共通する。それがゆえに石原は一時期キリスト教に惹かれ、入信を考えていた時期もあった。戦争の弁証法と、迫害される予言者の終末観が結びつくこと、これが世界最終戦争論の骨組みの第一であろう。

第一次世界大戦という人類最初の近代戦争の惨禍を実感しつつ、石原はドイツ人をはじめとするヨーロッパ人の現実に厳しい目を向けている。この当時のヨーロッパ訪問者としては珍しくヨーロッパかぶれにならなかった日本人ではあるが、石原が留学先から送った手紙には「西洋人ノ子供ノ虐待ニハ驚ク他ナシ」「毛唐ハ下等ノ人間甚ダ多シ」「毛唐ノ資本家ノ横暴ハ中々日本ドコロノ騒ギニアラズ」などの表現がたくさんみられる。また石原はヨーロッパ人のパーティに紋付袴《はかま》や支那服姿で現れて面々を驚かすことを好む性癖があったという。

石原が「自分は東亜文明圏の人間である」という自意識を強烈にしたのは、こうした人種戦争的な意識であるように思われる。当時、欧米で盛んに唱えられていた黄禍《おうか》論をどこまで学んでいたかは定かではない。しかし石原は、留学先に向かう船上から相当な人種的意識をもっていたことがその手記・手紙から明らかである。「毛唐」という文章表現を堂々と使うエリートは非常に珍しい。黄禍論に対峙《たいじ》する反黄禍論者としての石原の顔がそこにある。

日本と中国の連合連携がモンゴル帝国の再来としてキリスト教文明を脅かすとし、黄禍論を提唱したのはドイツ皇帝ヴィルヘルム二世であった。ドイツを中心にしたヨーロッパの黄禍論の流行に森鷗外《もりおうがい》や河上肇《かわかみはじめ》が激しく反発したことはよく知られている。あるいは高山樗牛《たかやまちょぎゅう》などのように、黄禍論をそのまま裏返した反黄禍論＝日中提携論を説いた人物もいた。だが石原が留学していた一九二〇年代初期になると、黄禍論の中心地は敗戦国で脱力したドイツではなくなり、排日主義の激化していたアメリカに完全に移行していた。ドイツ滞在中の石原の手記を読むと、次第にドイツ批判がやわらぎ、反比例するかのように激しいアメリカ批判が現れてくるのがわかる。

たとえば石原がベルリンの映画館に行ったとき、併映作品にアメリカの排日宣伝の映画が上映されたことがあった。石原はよほど頭に来たのであろう。席を立つだけでは気がすまず、満座の中、ドイツ語で大声でアメリカを罵倒し、ドイツ人観客の拍手喝采《かっさい》を受けた。また同じくドイツに滞在していたあるアメリカ軍人に向かって「自分はアメリカに行くときは、占領軍司令官としてだけだ」と放言したこともあった。こうして黄禍論への反発としての人種戦争的意識が観念的なアメリカ批判と結びつくとき、世界最終戦争論の第二の骨組みができあがるのである。

ヨーロッパ留学から帰国の途についた石原は自身が熱烈に信仰している国柱会のハルピン支部の集いに誘われ、そこで、東京大震災（この二年前に起きて首都圏は壊滅的な被害を受けていた）の復興に反対する次のような大演説をぶつ。

……今、十億の金を帝都の復興に使うよりも、それをすべて軍備に注ぐべきである。なぜなら、世界最終戦争が、すぐ間近に迫っているからである。日本は、世界最終戦争において、おそらくアメリカと戦うことになるだろう……その戦いは、現在の戦争とはまったく違う、全地球を舞台にし、老若男女がまきこまれる、徹底した全面戦争になる。最終戦争では、今よりも飛躍的に進歩した兵器が登場するが、それは今日、今から開発をしなければならないのである。……最終戦争に日本が勝つということは、皇道をもって世界に永久平和が訪れるということである。その、最大かつ究極の理想を実現するために、天業民族たる、われら日本人はすべてを犠牲にしなければならない。

石原の世界最終戦争論の骨格はこうして完成した。だがこの論は最も重要な部分においてひどく危うい、不明晰《ふめいせき》なものをもっていた。他ならぬ最終戦争の主役である我が日本が東亜文化圏の代表であるとは、いかなる根拠に拠るのかということである。この点について石原は先述した一九四〇年の世界最終戦争論の演説講義において、こう述べている。

……目下、日本と支那は東洋で未だかつてなかった大戦争を継続しております。しかしこの戦争も結局は日支両国が本当に提携するための悩みなのです。(中略) 如何なる犠牲を払っても、われわれは代償を求めるのではない、本当に日支の新しい提携の方針を確立すればそれでよろしいということは、今や日本の信念になりつつあります。

つまり日米「世界最終戦争」前段階の東亜文化圏代表という意味は、日本が中国を打倒することではないのである。

最終戦争が「決勝戦」とするなら、「準決勝」や「準々決勝」の戦争があって、それらの段階で勝利＝吸収や支配に成功するからこそ日本がアメリカとの最終戦争に臨めると考えるのが自然ではないだろうか。「提携」とは吸収や支配といった「勝利」を意味しない。意味の上では「引き分け」に等しい。日本は「準決勝」や「準々決勝」に引き分けて、決勝戦に赴くのであろうか。この歯痒《はがゆ》い表現はいったいどういうことなのだろうか。

失敗に終わった石原の思想的飛躍

石原は一八八九年に山形県鶴岡に生まれた。頭山満や宮崎滔天らとは二まわり年下であり、年齢的には北一輝とほぼ同世代である。石原の父・啓介は警察官であった。祖父の重道は庄内藩士で、清河八郎が組織していた新徴組の有力メンバーとして戊辰《ぼしん》戦争で大いに活躍した。優柔不断にどっちつかずの立場をとった福岡藩や熊本藩、佐賀藩と異なり、庄内藩は戊辰戦争に幕府側の急先鋒として参戦。新徴組による江戸薩摩屋敷の焼き討ちや会津藩との連携作戦を展開し、その粘り強い戦いぶりは官軍を最後まで悩ませた。

興味深いことに庄内藩を最終的には撃退したのは、遅ればせながら維新側に参戦した佐賀藩有する当時世界最新鋭の兵器アームストロング砲とスペンサー銃である。また維新後、庄内藩に寛大な処分を施したのは薩摩藩の西郷隆盛であった。庄内藩は九州と縁が深い不思議な宿命があった。このことから庄内藩で西郷隆盛信仰が生まれ、石原にも引き継がれることになる。石原は満州国の教育方針に「小西郷を育てるべし」と組み入れさせている。

戊辰戦争でみせた庄内藩の反骨精神は、石原の内面で後年の日蓮崇拝へと結びついていった。

しかし彼の世代になると明治維新そのものに対して「遅れてきた青年」という自意識はさすがに薄くなる。それがゆえに、たとえ中国に対して親近感をもつ人間であっても、頭山や宮崎のような中国革命への直情径行などの飛躍などはみられなくなる。石原は幼少時から激しい気性と正義感の持ち主であったが、大陸にわたって革命浪人になろうと考えた気配はまったくない。

たとえば辛亥革命の知らせを聞いたとき、石原は少尉に任官したばかりで、勤務地の朝鮮にいた。石原はその報に喜びのあまり、中国大陸のほうに向かって「辛亥革命万歳」と叫んだという。しかし孫文、宋教仁、袁世凱らの対立による革命の停滞する中国の有様をみて、石原は独力での近代革命は無理であることを悟る。この点、頭山や宮崎たちよりはるかに「現実の中国」を認識できている。

また石原は人物評価が非常に好きで、日蓮だけでなくナポレオン、ルーデンドルフ、ヒトラーなどについてさまざまな批評を語っているが、孫文に関してのものはほとんど見当たらない。二十代の石原には、辛亥革命への参画は実行しようと思えばできたであろうが、その気配はまったくない。理想主義者であると同時に徹底した現実主義者であった石原には、革命中国も孫文も、国に近代化をもたらすだけのパワーはなく、深入りは禁物であると判断していたのだろう。

しかし石原は中国の力を現実的に判断しながらも、中国人に対してはまったく隙のない畏敬《いけい》を常に抱いていた。たとえばヨーロッパに向かう途中、マレー半島に立ち寄った際、石原は「シンガポールハ人口ノ七割位ハ支那人。各階級共彼ノ勢力イズレモ強シ。炎天ノ下盛ナル労働ヲナシ、土人ヲ凌《しの》グ元気ニハ敬服ノ外ナイ」とか「支那人ノ発展実ニ驚ク外ナシ。町ノ実権ハ全テ彼等ノ手中ニアルトイフヲ適当トス」などと述べている。留学出発直前に、勤務先の中国漢口から妻に差し出した手紙には「日支両国人ハ全ク同胞ノ感ガアリマス。支那人、支那人ト人ハ馬鹿ニシマスガ、『誠』ノ一字ヲタシカニ心ノ底ニ存シテ居マス」との言葉がある。

このヨーロッパ留学およびその前後の時期、ヨーロッパやアメリカに対しては容赦のない罵倒を繰り返すものの、中国に対して何一つ批判めいたことを書いていない。それでは孫文から蔣介石にいたる中国国内の反日運動について、石原はどう考えていたのだろうか。「世界最終戦争論」と同じく太平洋戦争前に語られた「戦争史大観」には次のような言葉がある。これを読む限りでは、石原の「現実の中国」認識はだいぶあやしいものだと言わざるをえない。

……日露戦争では既に兵士のあるものは非道義的に傾いた。今次事変（日中戦争）は如何であろうか。悪いのは一般日本人と兵士だけに止まるであろうか。北支の老人は「北清事変当時の日本軍と今日の日本軍は余りに変った」と嘆いているそうである。若し我が軍が少なくとも北清事変当時だけの道義を守っていたならば、今日既に蔣介石は我が戦力に屈服していたではないだろうか。

蔣介石政権の抵抗力の本質は、ソビエト、ナチスドイツ、アメリカとめまぐるしく依存する対象を変えることにあったのは本書で述べた通りである。日本軍の規律は中国国民党軍の宣伝材料の対象にこそなれ、決して日中戦争長期化の本質的理由ではない。

この恐ろしく間違った見解が石原ほどの頭脳の持ち主において語られるとは、いったいどうしたことなのか。

最終戦争論や満州事変の準備計画書などで語られる石原の満州進出論の目的は、日米間でおこなわれる世界最終戦争前に、日本の経済力を満州で養うことにあった。実際に満州は二十世紀に入り、日本にとって最大の外国投資先になり、都市計画や鉄道計画は、戦後の日本に大いに役立ったという歴史的事実もある。必ずしも無益ではなかった。満州国で実験された「近代」が、戦後日本に「逆輸入」されただけのことである。だが日本の経済力養成や近代化実験が目的ならば、満州領有化だけで充分で、満州独立論には結びつかない。

石原が満州独立論に踏み切ったのは、日本の経済力育成と併せて、中国人自身の力ではなしえない「近代化」を、満州国から中国側へと「輸出」するという、石原自身の強固な信仰があったに違いない。ここで明治維新の成果を「近代の輸出」「近代の実験」の側面から、中国大陸でも同様に発展させようとした北一輝らの極端な近代主義者の面々を思い起こしてみよう。

満州国が人口構成その他の面で漢民族の力を頼りにすることは、避けがたいことである。この条件を逆手にとって、日本側との巧みな提携によって満州国でさまざまな「近代化」の実験をおこない、漢民族に自信をつけさせ、その「近代」のテクニックを中華民国に輸出させる。石原には、西郷隆盛的な明治維新という「革命の輸出」には関心はなかった。しかし「革命の輸出」に比べてはるかに巨大でしかも遠回りの形で、中国に「近代の輸出」「近代の実験」を目論んだのである。この思想的飛躍が、石原に満州事変終盤の昭和六年末から昭和七年正月あたりに訪れたのであろう。

石原の世界最終戦争論もこの時期に変更された。明治維新以降の近代化の実験の場としての中国大陸への系譜に石原は不意に加わったのである。それを可能にした最大の要素が、ヨーロッパ体験記その他にみえる、石原の対中国人観の生来の甘さに他ならなかった。石原の辛亥革命への低い評価などからすれば「甘さから離れられず、そこに戻ってきた」と言うべきだろうか。

これはまさに、二十世紀最大の思想的飛躍の一つであったと言うべきであろう。それはまったくの失敗に帰した。漢民族は何一つ変わらず、満州国はアメリカ合衆国ではなく、日本人と漢民族にとっての「ノンマルト」に終わった。蔣介石政権は一度たりとも、公式に満州国を認知することはなかった。漢民族は日米の最終戦争などに関心はないし、仮に東亜文明圏という発想をもっていたとしても、冊封体制時代の神話が身に染みている中国は日本がその代表になることを許すはずがない。

秦郁彦氏は、満州国が本当にアメリカのような存在になるためには、関東軍が満州国とともに、日本と縁を切って独立すべきだったのではないかと指摘している。しかしそのような「独立」をしても、蔣介石政権はソビエトと挟み撃ちをしてでも満州国を北伐《ほくばつ》したに違いない。地続きの隣国に、自分たちの朝貢体制神話を危うくするようなアメリカ合衆国的新国家の成立を絶対に認めるはずがないからである。

またそうした物理的な攻勢以外に、日本から離れた満州国の漢民族文化同化を内側から進める策謀も全力をあげて展開するに違いないし、実際に相当のレベルにおいて展開されていた。冊封体制化という名の歴代漢民族王朝の、周辺のアジア国家への同化・侵攻のやり方の一貫したパターンを、中国に通じていた石原は果たして知らなかったのだろうか。

石原は「優秀な日本人はみんな支那人になるべきだ」といった西郷隆盛の時代の人間ではなく、中国大陸での滞在生活も長く、中国人との付き合いもたいへん多かった。現実的に中国と中国人がどういうものかをよく知っていたはずである。にもかかわらず西郷の時代以上に、『教養としての中国』が何かの力で現実的に醜くなってしまっている。それを取り除けば『教養としての中国』が蘇るのだ」という観念図式に依存したのではなかったか。

この観念図式が、屈折した無知を石原にもたらす。この観念図式の極大化したものが満州独立論への飛躍であった。醜い中国の現実に触れれば触れるほど、「本当はそうではない」という思い込みが増大し、ますます観念的になるという逆現象が石原を支配したのではないかと思う。

高坂正堯《まさたか》は石原の世界最終戦争論に関して「欠点を多くもっているが、近代世界史において多くの重要な指摘をおこなっている思想」としている。私も同感である。しかし高坂が石原の思想の実現を阻んだのが日独伊三国同盟であるという指摘には賛同しない。日本がドイツと同盟を結ぶ前に、蔣介石政権はドイツとの実質的な軍事同盟関係にあったことは本書で指摘した通りである。「東亜文化圏」「東亜連盟」という枠組みから逸脱する傾向は、日本より中国のほうが甚《はなは》だしかったのである。このような中国と同一な文化圏、連帯関係を考える石原の思想の内部に、世界最終戦争論を自家中毒に陥らせる要素、すなわち対中国認識のあまりの非現実性があったと考えるべきであろう。

王道と覇道の理解

石原の対中国認識の非現実性は、彼の「王道」理解において極みに達している。孫文を取り立てて礼賛していないが、世界最終戦争論の講義演説において「すなわち東洋の王道と覇道の、いずれが世界統一の指導原理たるべきかが決定するのであります」と言い、孫文の大アジア主義演説の用語はそのまま受け入れていた。「幾多のいまわしい歴史的事実があるにせよ、王道は東亜諸民族数千年来の共同の憧憬であった」という言葉もある。

この講義のあと、石原に対し、「東洋文明は王道であり、西洋文明は覇道であると言うが、どういう意味か、その説明をしてほしい」という「王道」理解についての質疑があった。この質問者は石原が用いている孫文由来の大アジア主義の「王道」「覇道」の曖昧《あいまい》さに気づいていたのであろう。

これに対する石原の答えは何とも苦し紛れの論理である。この苦し紛れに、石原の思想形成における黄禍論への反発などの人種戦争論の意識を暗に読むことができそうだ。石原理解において、ある意味非常に参考になる答えだとも言える。

石原によれば地球の民族は「北種」と「南種」に大別できるという。

……北種は元来、住みよい熱帯や亜熱帯から追い出された劣等種であったろうが、逆境と寒冷な風土に鍛錬されて、自然に科学的方面の発達を来たした。また農業に発した強い国家意識と狩猟生活の生んだ寄合評定によって、強大な政治力が養われ今日、世界に雄飛している民族は総て北種に属する。南種は専制的で議会の運用を巧みに行ない得ない。社会制度、政治組織の改革は、北種の特徴である。アジアの北種を主体とする日本民族の歴史と、アジアの南種に属する漢民族を主体とする支那の歴史に、相当大きな相違のあるのも当然である。

かなり強引な説明のようにみえるが、とりあえず北種・南種の区別があるとして、この北種・南種と覇道・王道の関係はいかなるものなのか。石原は次のように続ける。

……北種による寒帯文明に徹底した物質文明を偏重せしめたのが西洋文明、すなわち覇道文明である。では、これに対し熱帯文明が王道文明であるかといえば、そうではない。王道は中庸を得て、偏してはならぬ。道義を守る人生の目的を堅持して、その目的達成のための手段として、物質文明を充分に生かさなければならない。

すると「北種」である日本人は「覇道文明」の性格をもつものなのであろうか？

次の部分で石原はそうではないと言っている。しかしその理由については石原の説明からはまったく定かではない。また「この王道思想がたとえ漢人種によって唱導されたものではないにせよ、漢民族はよくこの思想を容れ、それを堅持して今日に及んだ」という石原の発言は、文章全体にわたって歴史的事実の正反対をいっているのである。王道思想は孟子によって唱えられた漢人種の思想であるが、漢民族は王道の受容も堅持もほとんどなしえなかったことについては本書ですでに触れた通りである。

……同じ北種でも、アジアの北種とヨーロッパの北種には、その文明に大きな相違を来たしている。古代支那の文明は最近の研究では、南種に属する漢人種のものではなく、北種によって創められたものらしいが、今やその王道思想は正しく日本国体の説明というべきである。この王道思想がたとえ漢人種によって唱導されたものではないにせよ、漢民族はよくこの思想を容れ、それを堅持して今日に及んだ。今日の漢民族は多くの北種の血を混じて南北両文明を協調するに適する素質を持ち、指導宜《よろ》しきを得れば、充分に科学文明を活用し得る能力を備えていると信じる。

孫文の演説での「王道」「覇道」の説明は、「他力本願」のご都合主義と漢民族の傲慢《ごうまん》を表す以外の何ものでもなかった。比べて、石原の「王道」「覇道」論は、現実を知り尽くしつつも、現実と乖離《かいり》していった親中国派としての苦しい矛盾の論理そのものであると言ってよいだろう。

頭山満たち「明治維新に遅れてきた青年」＝孫文支援者たちは野放図だけれども、少なくとも頭の中では自分たちの行動と観念の間に整合性はとれていた。しかし、一見すると頭山たちより冷静な世代であるかのようにみえる石原にとって、中国に対しての行動と観念の間の矛盾は異常なほど大きいものになっていったのだった。

石原は現実と非現実の境界線すれすれに自分の観念を置いて、満州独立論に漢民族の近代化を賭けたのであろう。それは孫文の革命運動に賭けることよりもはるかに大きな日本の労力と悲劇を必要とし、そして徒労に終わった。この失敗は中国大陸を近代化の輸出と実験の場にしようと考えていた明治維新以降のある系譜の終焉《しゅうえん》を意味するものでもあった。

満州国の建国理念は、「五族協和」と「王道楽土」だった。「五族協和」は多民族国家としての理念として必ずしも空虚なものではない。しかし「王道楽土」の「王道」は違う。「王道」とは、中国人の身勝手さと親中国派日本人の観念の間で捏《こ》ねくり回された架空の概念に過ぎない。実現しようのない概念をスローガンに掲げた幻想の多民族国家、それが満州国であった。理念的な意味でも、アジアのアメリカ合衆国は「ノンマルト」に終わらざるをえない運命にあった。ウルトラマン・ウルトラセブン＝日本人が力を尽くすには、あまりにも弱い星＝国家だったのである。

支那通軍人・影佐禎昭の悲劇

石原と同様の野心と失敗は、この当時の陸軍の親中国派に多く共通したものだった。この頃、陸軍では中国大陸の情勢を専門とする「支那通」といわれる面々が非常に大きな力をもっていた。「支那通」の軍人全体がイコール親中国派というわけではないが、「支那通」軍人の多くが石原と同様、中国文明への畏敬心と現実の中国のギャップに苦しみ、現実の中国に近代化をもたらす作為を模索していた。

石原や、前章で触れた「支那通」の代表的軍人の一人である松井石根、石原とともに満州事変を強行した板垣征四郎、土肥原賢二たちが日常生活で中国人をいかに大事に扱っていたかは、無数と言っていいほどの証言、記録が存在している。しかし彼らは、畏敬心と現実のギャップを埋めるために、近代日本の力を借りて策謀をおこなおうとしたことにおいても共通する。「愛情」がゆえに、実現不可能な幻想に彼らは引きずられ続けたのである。

「愛情」に翻弄《ほんろう》されたことを現在の我々が哄笑《こうしょう》することは容易《たやす》い。しかし当時の人々の中国への「愛情」は、そんなものをもっていないと自覚する人間にも不意にやってきて、いつのまにかその人の観念を支配する心の魔のようなものだったのである。

ここで「支那通」軍人の面々の一人である影佐禎昭《かげささだあき》のことを取り上げてみよう。今までに触れた石原や松井は、切れ者でありつつも人間的には温かみのあるタイプの人物で、その性格ゆえに多くの中国人にも慕われていた。「支那通」の軍人には、そうしたヒューマニスティックな人物が多い。しかし影佐は違う。彼に会った多くの人間が、刃物のような怜悧なその性格を指摘している。

たとえば外交官の石射猪太郎《いしいいたろう》は影佐について、「面と向かっては態度いんぎん、話が軽妙で、外面的には練れた人物であったが、一寸も油断ならない鋭い謀略家であった」と言っている。石射は影佐の冷酷な謀略家振りは、同じく対中国の謀略で有名だった土肥原より、はるかにおそろしいものだったとも言う。

影佐は陸軍士官学校、陸軍大学を恩刀組の優等生として卒業したのち、通常ならば優等生として欧米駐在留学の権利を行使するところ、それを選択せず、東京帝国大学法学部に派遣聴講生として数年を過ごすコースを歩む。抽象的な法学理論を学んだことが影佐の怜悧な知性をさらに磨くことになったようである。東大から戻って「支那通」の道を歩むのだが、彼には中国への愛情はほとんどなかった。

満州事変直前、三十八歳の彼は蔣介石を激しく弾劾する演説をおこなっている。この時期の「支那通」にはまだまだ蔣介石への信頼は強かった。しかし影佐によれば中国は提携の相手ではとうていなく、日本側が利用できるところがあれば利用すればよい地域、国家くらいの気持ちだったのであろう。影佐は中国国内にアヘン密売のルートをつくりあげ、この金を大陸の陸軍の秘密資金の供給源にする謀略も平然と成功させている。

一九三七年の盧溝橋《ろこうきょう》事件の発生直後、影佐は参謀本部支那課長のポストを与えられた。「支那通」の人間の多数が拡大論に傾斜する中、頑強に非拡大派を主張する石原莞爾に影佐は出会い、その主張を説得される。影佐にとって石原の主張と存在は感動的だったようで、この経験をのちに「迷いの眼をひらいてもらった」とまで回顧している。しかしこの段階での影佐はまだ親中国派には成りきってはいない。

影佐は日中戦争の秘密和平工作を模索し始める。影佐はまず石原の主張通り、蔣介石政権への直接の和平工作を考えていた。翌年、長期化の様相を呈し始めた日中戦争の最中、影佐は参謀本部第八課課長に転じる。この第八課は謀略を専門とする課であった。影佐は蔣介石の側近で日本留学経験のある張群《ちょうぐん》と何応欽《かおうきん》に密書を託すなど動き始めている。

この頃から陸軍部内に、国民党政権内部で蔣介石と対立する親日派の汪兆銘を担ぎ出すべきだとする見解が現れてくる。しかし影佐は汪兆銘の利用に対し当初はまったく消極的であった。冷徹な謀略家である影佐によれば汪兆銘の政治力・影響力は小さすぎるとの判断だったのである。蔣介石の中国全土への支配力や軍への統率力は強固なものである。そこに乏しい政治力で文官の汪兆銘をもってきて政権をつくっても、せいぜい一地方政権にとどまって日本の徒労に終わるだろう。これが諸情報を総合した影佐の判断であった。その判断はおそらく正確なものだった。

ところがまもなくして影佐は一転して、この汪兆銘の担ぎ出しの謀略に同意する。たとえ一地方政権であっても、国民党分裂の引き金になればそれだけでも日本にとって有利であると考えたのである。さまざまなプロセスを経て汪兆銘は国民党支配地域を脱出、ハノイで影佐に会う。

ここで影佐の人生は汪兆銘の人柄に触れて一変してしまうのである。「その崇高なる精神、高潔な人柄は、鬼神をして泣かしむものがある」と影佐はその感動を回顧している。汪兆銘の力の小ささを冷静に指摘していた影佐の謀略家としての性格は、その瞬間に吹き飛んでしまったのだ。

これまで幾度か本書に登場している汪兆銘であるが、彼はいかなる人物であったのであろうか。孫文の死の床のもと、遺言を代筆したことにみられるように、汪兆銘は孫文の最重要な部下であり、文官として、武官の蒋介石とともに国民党の主導をなしていた。しかし蒋介石とはいろいろと折り合いが悪く、汪兆銘は幾度も国民党から離れて海外に移り住んでいる。この数度の離脱が汪兆銘の政治力を非常に弱いものにした。日中戦争開始の際には国民党行政院長のポストにあったが、蒋介石の全面抵抗論に対して「一面抵抗、一面交渉」を説いて反対する。

ここで注意しなければならないのは、汪兆銘が日本への徹底抗戦に反対したのは、必ずしも彼の「親日」に拠るものではないということである。汪兆銘が激しく危惧《きぐ》したのは、蔣介石が採用している焦土戦術にあった。蔣介石は優勢な日本軍に対し、国中いたるところを破壊し焼き尽くして逃げまわる戦術をとっていた。

日中戦争以前にすでに度重なる戦乱で疲弊している中国国土は、蔣介石の焦土戦術で本当に壊滅してしまうかもしれない。国民党支配地域から脱した汪兆銘は次のような演説で中国国民に警告した。

……将来は重慶も成都もすべておなじ運命を辿るであろう。かくして中国全土を瓦礫灰燼《がれきかいじん》に化せしめようとしている。もし和平の見込みがないならば、全部死滅するのもまたやむを得まい。しかし、もし和平の希望があり、和平の条件が国家の独立と自由に害がないならば、何故に民衆に駆ってあくまで死滅の路を辿らしむ必要があろうか?

汪兆銘という人間は孫文や蔣介石に比べるとずっと穏健温厚な人物で、伝統的な中国の文人の気質をもっていた。ふつう中国の政治的指導者のほとんどは、自国の庶民の生活の破砕や混乱などに何一つ関心をもたない。それは文官でもおなじことで、後述する毛沢東や周恩来などは、庶民の存在に対しておそろしく冷酷であった。汪兆銘には少なくともそのような冷たさはなかった。それがゆえに政治的謀略や軍事的指導は不得手で、孫文の後継の地位を蒋介石に奪われていったのだった。

影佐らの尽力により、一九四〇年三月、汪兆銘は南京に政府政権を樹立した。強権的言動を好まない彼は、日本政府や日本軍に対して強い主張はあえてしなかった。問題は日本側の態度である。汪兆銘政権が成立したのちもなお、汪兆銘が大人しいのをいいことに、陸軍は「支那通」の面々を中心として、蒋介石政権との秘密和平工作を模索する策動を幾度も演じる。この和平工作の話の大半は蒋介石政権の陰謀であったのだが、汪兆銘支持で一本化できない陸軍「支那通」が、汪兆銘政権の基盤をさらに弱体化させてしまう。

冷徹な影佐はすべて計算予測の上で、文人政治家の汪兆銘の力の弱さが日本の利益に資しないという判断をもともとはしていたはずである。だがそんな影佐においてさえ、汪兆銘の人柄に感動した瞬間に、冷徹さをすべて失って、中国の近代化をサポートする日本の使命、という伝統的な親中国派の認識に陥ってしまったのだった。中国民衆へのアヘンの密売に何の引け目も感じなかった影佐がある日あるとき、まるで病のように中国への「愛情」に目覚めた。その病のような愛は私たちにとっての「ノンマルト」＝満州国を生み出してしまった観念とほとんど同一のものなのだ。満州国成立に何の感慨も抱かなかった影佐だが、「愛情」がゆえに、汪兆銘政権という新たな「ノンマルト」を追い求めることになったのである。

影佐はそののち、汪兆銘政権の最高顧問に就任する。しかし若き日の影佐だったら信じられないことなのだが、あまりの親中国派振りが首相兼陸相の東条英機《ひでき》に嫌われることとなる。満州、さらにはラバウルに転出させられ、そこで終戦を迎える。

汪兆銘は日本の戦局の悪化した一九四四年十一月に名古屋で病死。汪兆銘政権の幹部たちのほとんどが終戦後、蔣介石による漢奸《かんかん》裁判で刑場の露と消えていった。満州国に比べても、あまりにもあっけない夢の終焉であった。

復員した影佐は中国国民党から戦犯指定を受ける。容疑はもちろん汪兆銘政権成立にかかわって、最高顧問を務めたことによるものだった。南方で罹患《りかん》した赤痢が悪化して法廷に出ることはできず、二年の療養生活を経てこの世を去った。中国を利用するはずだった冷徹な謀略家までもがこうやって一人、二十世紀の日中関係史において何かに引きずられるように消えていった。こうした形跡を追うにつけ、中国への幻想の根深さというものを私は感じずにはいられない。

第四章

毛沢東に取り込まれた日本人たち

毛沢東
（1893～1976）

第二次世界大戦のターニングポイント

第二次世界大戦には「もし、○○なら……」という類の、「歴史上のイフ」に扱われるターニングポイントがいくつもある。

たとえばミリタリー雑誌などを覗《のぞ》くと、ミッドウェイに勝利したら日本はアメリカ西海岸に攻め込めたとか、マンハッタン計画が遅れたら日本が本土決戦に突入して南北に分割されていたとか、いろいろなイフの話が記されていたりする。ミッドウェイ作戦勝利の話も、マンハッタン計画遅延の話も、その「イフ」がもたらす仮説はなかなか興味深い。

しかし第二次世界大戦のターニングポイントには、ミッドウェイ作戦やマンハッタン計画よりも目立たないけれども、はるかに検討に値する「歴史上のイフ」がいくつもあるように思う。

一例を挙げると第二次世界大戦初期のソ連・フィンランド間の冬戦争である。第二次世界大戦は一九三九年九月、ドイツのポーランド侵攻とともに始まった。イギリスとフランスはドイツに宣戦布告したが、独仏国境はすぐに全面戦闘に入らず、翌年五月のドイツの電撃戦開始までの半年間は静かな膠着《こうちゃく》状態であった。この半年間を戦史の上で「まやかし戦争」と言う。

「まやかし戦争」間のソ連の行動は、その二年後に連合国のメンバーになるとはとても思えないものだった。大戦開始直前に締結された独ソ不可侵条約によってドイツと準同盟状態となったソ連はポーランドをドイツと分割。さらに一九三九年十一月、フィンランドに侵攻する。ドサクサに紛れて東欧北欧に手を出し始めたのである。これが冬戦争と言われる戦争であった。

ソ連軍は圧倒的な機械化兵力でフィンランド国境を突破した。相対するフィンランド軍は兵員数で劣るだけでなく、航空機も戦車もほとんど有していない（たとえば、ソ連軍の攻撃空軍力約四千機に対し、フィンランド空軍は百三十機の航空機しか保有していなかった）。

しかし名将マンネルハイム将軍率いるフィンランド軍は山岳戦を中心に巧みに抵抗、ソ連軍を大混乱に陥れる。フィンランドの勇戦に拍手した世界中の世論はソ連の暴挙を非難。ソ連は国際連盟を除名されてしまう。その数年前に日本やドイツが国際連盟をやめたのは「脱退」であって「除名」ではなかった。いかに冬戦争のソ連の行動への世界の憤りが激しいものだったかがよくわかる。

イギリスとフランスはフィンランドへの軍事支援に動き、数十万の兵力をスウェーデンを通じてフィンランドに送ろうと計画した。アメリカの世論もフィンランド支援に傾斜する。しかしこれら軍事支援は、ソ連の意向を恐れたスウェーデンの拒否を受けてしまう。そのためフランス首相のダラディエなどは、コーカサス方面からソ連を攻撃するべきだという大胆な代替案を議論している。そんなふうにもたもたしているうちにソ連軍は総力をあげて数次の総攻撃を実施。さすがのフィンランドも一九四〇年三月に条件付き降伏に応じる。

「この冬戦争でスウェーデンが連合軍の通過を容認したら」という「歴史上のイフ」が考察可能であろう。ドイツ侵攻が本格化していない「まやかし戦争」の状況下で、フィンランドで連合軍とソ連軍の戦争が本格化すれば、機をみるに敏のヒトラーはイギリス・フランスといったん講和したに違いない。イギリス・フランスのソ連攻撃にドイツが加勢した可能性も充分にある。

結果的に第二次大戦の「悪役」は、ドイツでなくソ連に入れ替わったかもしれない。中立国スウェーデンのほんの些細な優柔不断な態度が、第二次大戦の「悪役」を決めた「歴史上のイフ」がそこにある。

これによく似た「歴史上のイフ」、つまり第二次世界大戦の「悪役」を入れ替えてしまうかもしれないようなイフの話の一つが日中戦争にもあった。この「歴史上のイフ」の話は、影佐禎昭らの努力で成立した汪兆銘《おうちょうめい》の南京政府にかかわるものである。

一九四〇年三月に成立した南京政権において、主席の汪兆銘は政権発足当初、「一面抵抗、一面交渉」という従来の主張を変えず、南京政権は日本の政治的・軍事的動向と一線を画さねばならないと考えていた。日本の傀儡ではなく、日本と蔣介石との和平との橋渡し役になりたいというのが汪兆銘の意志であった。ゆえに、一九四一年十二月の日本の対英米参戦に汪兆銘政権は加わることはなく、日本側も参戦を無理強いはしなかった。

しかしアメリカと結託した蔣介石の抵抗は、予想以上に長期化。また蔣介石との直接交渉になお期待する日本側の態度の曖昧などの原因により、汪兆銘政権の意義は次第に薄れていく。

そこで汪兆銘もついに意志を変え、一九四三年一月、南京政権は連合国に宣戦布告、日本の軍事行動に全面協力することを公にする。この時期とほぼ同じくして、毛沢東率いる中国共産党が汪兆銘政権に合作を申し出てくるという驚くべき事実が現れるのである。

この毛沢東の汪兆銘への合作工作は、上坂冬子氏の汪兆銘についての評伝『我は苦難の道を行く　汪兆銘の真実』に詳しく記されている。上坂氏によると、この合作に深くかかわったのは、南京政権の中心人物の一人で、財務部長や上海市長を務めた周仏海《しゅうふつかい》であった。

一見すると親日＋反蔣介石で一枚岩なようにみえる汪兆銘の南京政権であったが、内実は二派による激しい対立があった。汪兆銘の人柄を慕う側近グループの「公館派」（公館は汪兆銘の住所の意味）。汪兆銘夫人の陳璧君《ちんへきくん》（戦後、漢奸《かんかん》裁判で無期懲役、獄中で病死）、陳璧君の義弟で南京政府外交部長や駐日大使を務めた褚民誼《ちょみんぎ》（戦後、漢奸裁判で死刑）、立法院長で汪兆銘の後継者の地位にあった陳公博《ちんこうはく》（戦後、漢奸裁判で死刑）らが公館派を形成していた。

これに対して、汪兆銘一辺倒ではなく、蔣介石・国民党政権と将来的な提携も考えようとするグループを「C・C派」と言う。「C・C」とは、国民党の蔣介石直属の最大の情報組織「中央倶楽部＝Ｃｅｎｔｒａｌ　Ｃｌｕｂ」の略である。国民党から分裂した南京政権にはこの中央倶楽部のメンバーも多数おり、勢力をもっていたのである。C・C派には蔣介石へのシンパが多く、南京政権成立後も密かに蔣介石政権と連絡を取りあっている面々もいた。このC・C派の最大の存在が周仏海であった。

周仏海は日本に留学し京都帝国大学を卒業後、共産主義に共鳴、一九二一年の中国共産党設立時の主要メンバーだった。このとき陳独秀や毛沢東と密接なかかわりをもった。その後、共産党から離れ、国民党に入党。中央宣伝部長として活躍するが、蔣介石の一面的な抗日主義に次第に疑問をもつようになる。日本留学経験を有する知日派、中国共産党にも顔の利く、そして蔣介石のもとで情報機関の有力者というさまざまな顔の持ち主だったのである。

周仏海と汪兆銘との接点はもともと少なかったが、蔣介石への疑問から南京政権に参画した。戦後の漢奸裁判の際に明らかになったことだが、南京政府のC・C派の少なからずがそうであったように、周仏海も蔣介石政権と秘密裏に連絡を取りあい、情報交換等をおこなっていた。汪兆銘もいざというときいつでも蔣介石と連絡を取ることができるよう、周仏海のそうした行動を黙認していたようである。

つまり周仏海は南京政権の「裏の顔」の人物だった。しかも毛沢東とは旧知の間柄である。この周仏海の日記によれば、一九四三年三月、共産党軍幹部の馮竜《ふうりゅう》が毛沢東と劉少奇《りゅうしょうき》の直接指令を受けて秘密裏に上海にやってきて面談を求めたので周仏海はそれに応じた。共産党側でこの合作工作の内容を知っているのは毛沢東以外には最高幹部数名のみだったという。

周仏海は共産党のこの動きを、南京政権の情報をさぐるための謀略だと懐疑しており、きわめて消極的だったようである。日記ではこの件は次第に立ち消えになっていったと記されている。しかし上坂氏は馮竜の上海来訪が南京政権側の大掛かりな人間関係を動かしていることをつきとめて、共産党側の合作工作は本気のものだったのではないかと推測している。

私からしてみれば、中国共産党が周仏海を交渉相手として選んだことが失敗の根本ではないかと思う。確かに周仏海の経歴からすれば交渉しやすい相手と毛沢東には感じられたのであろう。しかし周仏海は南京政権内のC・C派の首領として蔣介石と裏で通じ合っている存在である。南京政権参画後も「隠れ蔣介石派」の立場であり、国民党の反共主義にも強く同調していた。共産党時代のことなどまったく忘れ去っているのである。周仏海と蔣介石の隠れた蜜月は、戦後の漢奸裁判でいったん死刑判決を受けた周仏海が蔣介石の直接命令ですぐに無期懲役に減刑されたことでも明らかである。

いずれにしてもこの中国共産党の南京政権への合作工作は、日中関係史上の大いなるミステリーの一つである。中国共産党は表面的には抗日戦線で国民党と連携していたが、その徹底した反共宣伝に悩まされて続けていた。毛沢東からすれば、本当の敵は日本ではない。連合軍が勝利して日本が粉砕されても、中国国内での国民党との闘争に敗れれば元も子もない。むしろ日本を利用して国民党を駆逐し、中国での覇者になることを目指さねばならなかった。

そこに、一九四三年一月の南京政権の対英米戦争参戦の知らせが入る。これにより、今まで弱体な傀儡政権と思っていた南京政権が強大な存在になったと毛沢東は思ったのであろう。日本との直接の交渉＝日本と中国共産党との合作は「降伏」を意味してしまうが、強力化した南京政権との合作により中国国民党に対決するのであれば、中国人としての面子《メンツ》は少しも失われない。

「歴史上のイフ」として、この反国民党連合、すなわち日本・南京政権・中国共産党の連合連携が結成されれば、蔣介石の立場はかなり危ういものになったはずである。中国内部がますます混乱する分、日本にとって日中戦争の有利な帰結が導かれたのではないかという仮説は充分に考えられる。そしてこの仮説が現実化した場合、日中戦争の「悪役」は「日本」ではなく、「蔣介石」に完全に入れ替わったに違いない。

上坂氏はこの共産党・南京政権合作工作という歴史的策謀に関して、次の感想を語っている。

……誰がいかに愛国者であり漢奸であったかなどということよりも、むしろ各勢力が国内制覇のゲームに血まなこになっていたと見た方が自然ではないか。物事を究極で決定するのは、清廉な思想よりも頑強な現実なのだと思わざるを得ない。

「国内制覇のゲーム」の一方の雄である蔣介石は多くの日本人の友人をもち、若い頃から日本と深い縁をもってきた。それを生かして「ゲーム」に日本を巻き込むことも可能だった。しかし毛沢東には蔣介石のような日本とのかかわりはほとんどなかった。

日本人の知己《ちき》といえば、モスクワから延安に派遣されてきて、対日謀略に従事した野坂参三《さんぞう》がせいぜいのところであろう。しかしそんな毛沢東が、蔣介石以上に日本を利用し依存しようとしたのだ。これは古代春秋戦国時代に由来する中国の兵法「遠交近攻」（自分から遠い関係の勢力を使い、近い関係の敵を攻めさせる）の原理に従う日本の利用・依存方法なのである。中国史の知識を完備していた毛沢東は、日本やアメリカなどの外国にこの「遠交近攻」を用いて成功をおさめることになる。

たとえば日本と中華人民共和国の国交回復交渉で、田中角栄首相が毛沢東に、日中戦争の件を謝罪するということがあった。毛沢東は田中に、「日本の中国侵略の助けがあったからこそ自分たちは勝利を得ることができたのだ」と語ったことが日本のメディアで大きな騒ぎになった。

毛沢東がこの発言をしたのは何も田中の前がはじめてではなく、国交回復前に訪中した日本の国会議員や知識人に対しても同様のことを幾度も話している。日本人の多くは毛沢東が忍耐して日本人に対してお世辞を言ったのだろうと考え、懐の深さを讃えた。しかし実は毛沢東の言ったことは「ホンネ」以外の何ものでもない。毛沢東にとって、戦前の日本と旧日本軍は、自分の野望のための最も頼もしい「味方」だったのである。

毛沢東の「奇妙なる親日」

毛沢東の革命運動はおそろしく孤独なものだった。ソビエト・コミンテルンは毛沢東率いる中国共産党の力をほとんど評価せず、国民党政権を一貫して中国代表と捉えていた。スターリンはどういうわけか、反共主義の権化である蔣介石を国共内戦に敗れるまで代表と見なしていた。王明《おうめい》はじめ、多くのソビエト直属の指導者を中国共産党に送り込み、毛沢東の主導を妨害することも絶えずおこなっている。またアメリカとの関係については、毛沢東とアメリカは裏面での結びつきはあったにせよ、アメリカの世論が共産主義運動の全面支援に乗り出すことは考えにくかった。よほどの逆転劇がない限り、中国共産党の勝利を導き出すことが不可能なことは誰の目にも明らかだった。

抗日より国内戦を優先しなければならない事情は、蔣介石より毛沢東のほうがはるかに深刻だった。その苦しい事情の中で生じたのが、日中戦争という天下大乱だった。毛沢東は「自分は天下大乱が大好きだ」と生涯言い続けたという。この大乱をなるべく長期化させ、最大敵の中国国民党を疲弊させてしまう必要があった。それをなしてくれる「頼もしい存在」はソビエトでもアメリカでもなく、毛沢東にとっての「遠交」の国、日本に他ならなかったのである。日本軍が南京を陥落させたときに毛沢東が嬉しさのあまり、祝杯をあげたというエピソードさえある。こう考えれば、毛沢東の南京政権との合作構想も、少しも不自然なものではない。

明治期の日本人志士たちの「教養としての中国」の幻想と孫文・蔣介石の「依存」との交わりに始まり、満州国構想や汪兆銘・南京政権の失敗など「中国での近代化」の実験の失敗・悲劇を経て、日中交流の歴史は中国共産党の時代にさしかかる。この時代の日中関係は、この毛沢東の「奇妙なる親日」策に象徴される。今日、世界最大の反日主義国家である中華人民共和国は、その建国者である毛沢東の時代には、決して単純な反日を唱えていたのではなかったのだ。

もちろんこの「奇妙なる親日」は、日本人が考える素朴な意味での「親日」ではまったくない。それは「遠交近攻」の原理に徹底徹尾、冷徹に従う中で生まれた戦略的思考の一つである。毛沢東にとっては、日本の戦争の大義その他の事情や汪兆銘の繊細な愛国心などはどうでもよかった。自身が生き残るために依存・利用する存在としての日本に過ぎない。

その意味においては、孫文、蔣介石と毛沢東の日本に対してのスタンスは通じ合う。両者の違いは孫文、蔣介石が日本にあまりに近づきすぎる形での「依存」を犯し警戒されて失敗したこと。それに対して毛沢東が決して日本に近づきすぎないことで、日本利用に成功をおさめたということにある。

日中戦争、第二次世界大戦という天下大乱。さらにその後に起きたアメリカと蔣介石政権との一時的な険悪化などの事情により、毛沢東率いる中国共産党は一九四九年十月、ついに国民党を大陸から駆逐し政権を獲得することに成功する。しかし毛沢東にとって国民党にかわる強大な敵がすぐさま現れる。それは本来、共産主義の兄弟関係であるはずのソビエトだった。毛沢東の人生の後半は、対外的にはこのソビエトとの戦いに費やされることになる。

革命直後に毛沢東はソビエトとの同盟交渉のため、モスクワに赴く。しかしスターリンはこの期に及んでも、まだ毛沢東を信頼せず、交渉はまったく進展しなかった。革命建国早々にもかかわらず毛沢東は、二ヵ月もモスクワにとどめおかれ、新生中国を留守にしなければならなかった。これは毛沢東にとって人生最大の屈辱であったに違いない。結局、スターリンの側が折れて中ソ友好同盟相互援助条約は締結されたが、自分の革命を侮辱したソビエトへの恨みは毛沢東の心に、生涯にわたって根を張ることになった。

中ソ友好同盟相互援助条約締結直後に生じた朝鮮戦争でも、スターリンと毛沢東は介入するかどうかを巡り激しく対立をきたす。介入を主張する毛沢東に対し、スターリンは第三次世界大戦の危機を理由に介入に反対した。実際のところは、ソビエトはヨーロッパでの衛星圏の確立に精一杯で、アジアまでかかわりをもちたくないというのが本音であった。結局、中国軍は単独で朝鮮戦争に介入することになる。毛沢東の目にはソビエトの非介入主義はきわめて卑怯《ひきょう》、小心なものと映った。

毛沢東がさらにソ連への不信感を増大させたのは、中国革命政権の政治局員・中央政府副主席の高崗《こうこう》の存在であった。高崗は共産党有力メンバーの一人として、国共内戦で東北地方を中心に活躍し、このときにソビエトとの関係を強めた。中国共産党内部で随一の親ソビエト派としてみられるようになる。共産党政権成立後は中央政府副主席に就任、引き続き東北地方を掌握していた。

毛沢東は次第にこの高崗がスターリンと通じ合っているのではないかと疑念を抱く。朝鮮戦争の推移如何《いかん》では、ソビエトがかつての満州国のように東北を切り離して独立させ、高崗をその第二次満州国の主席に据えようとしているのではないかとまで疑うようになった。結局、高崗はスターリンの死後まもなく無残な形での自殺に追い込まれ、共産党内部の親ソビエト派も追放された。ちなみにこのとき、毛沢東の命令を受けて高崗グループの追放を担ったのが鄧小《とうしょう》平《へい》だった。

毛沢東が政治家としてだけでなく、個人的言動のレベルにおいても、いかにソビエト国家に不信を抱き、スターリンらソビエトの政治指導者たちを忌み嫌ったかは、毛沢東の主治医・李《り》志綏《しすい》による記録『毛沢東の私生活』を読むとよくわかる。

この著作は、長年、ヒトラーの近くにあってその人となりを観察し記したアルバート・シュペールの『ナチス狂気の内幕』と並び、二十世紀のトップに位置する独裁者側近の手記だと思う。私がこの手記の中でとりわけ面白いと思ったのは、毛沢東の口から次から次に出てくるソビエトへの敵意に満ちた言葉の数々である。悪口の夥《おびただ》しさ、敵意の激しさは、「毛沢東語録」にならって、「毛沢東・反ソビエト語録」という一冊の本ができそうなほどである。

後継者のフルシチョフによるスターリン批判がおこなわれたとき、毛沢東は激怒する。スターリンとはずっと折り合いが悪く、相互不信の関係にあったにもかかわらず、である。毛沢東は次の言葉を側近の前で吐いてフルシチョフを罵倒したという。

……やつは剣を人手に渡したんだ、虎どもがわれわれに危害をくわえるのに手をかしたんだ。やつらが剣をほしくなければ、われわれが頂戴《ちょうだい》しよう。われわれが最高に活用してやる。ソ連がスターリンを攻撃しても、われわれはそんな真似はしない。それればかりじゃない。われわれはスターリンを支持しつづけてやる。

毛沢東はスターリン個人の名声が失墜することには何の関心も感慨も抱かなかったはずだ。これまでスターリン崇拝がソビエトによって強制された世界共産主義のお題目だった、それが一晩であっさり崩壊し、今度はそのとばっちりを受けなければならない。そうしたソビエトのあまりの身勝手さについて怒った。「虎ども」とは、スターリン批判で動揺し、共産主義に異議を唱える中国国内の政治勢力という意味である。

国共内戦のときでさえソビエトからほとんど軍事支援を得られず、革命成功時も歓迎どころか侮辱的扱いを受けた毛沢東にすれば、あれこれ振り回されること自体が怒りの対象である。「われわれはスターリンを支持しつづけてやる」とは、いかなることもソビエトのやることと反対をしてやるのだ、という毛沢東の怒りの決意表明である。

毛沢東の「反ソビエト語録」のクライマックスは一九五七年冬、ロシア革命四十年式典がおこなわれた際のモスクワ訪問時のものであろう。このとき中国国内は反右派運動などの不穏な粛清劇がおこなわれていたが、のちの大躍進や文化大革命の大混乱・大量死に比べればまだまだずっと穏和な時代だった。毛沢東は曲がりなりにも中国国内を一本化し、世界共産主義の新しいヒーローとみなされていた。

ソビエトの側からしても、さすがに毛沢東に一目おかなければならなくなっていた。少なくとも八年前、モスクワに二カ月も留め置かれた惨めな存在ではまったくなかった。自分を見くびってきたソビエトを今こそ見返してやるのだという気概のもと、毛沢東は大規模な代表団を連れてモスクワに乗り込んできたのである。

李志綏によれば毛沢東はモスクワ滞在中、一度もソビエト側が用意した最高級ロシア料理に口をつけなかった。毛沢東は生涯にわたって自分の故郷の濃い味付けの湖南料理を好んだことで知られる。この滞在中も食事は自分が連れていった料理人につくらせた湖南料理を一人で食べ続けていたという。毛沢東の宿泊にあてられたのはクレムリン内でエカテリーナ二世がつかっていた豪華な部屋だが、毛沢東は浴室の水洗式トイレを嫌がり、持参した寝室用便器を頑固に使い続けた。こんな子供じみたわがままも貫いた。

彼は八年前の訪問のときとのあまりに違うソビエト側の厚待遇を絶えず軽蔑し、「見ろ、このもてなし方ときたら、なんという違いだ」「この共産主義の国においても一体だれが強く、だれが弱いかよく承知しておるようだな。なんたる俗物だ！」と皮肉とも批判ともとれる言葉を容赦なく吐く。

極めつきは、フルシチョフと一緒にロシアバレエを観劇したときである。ヨーロッパのバレエを観た経験のない毛沢東はたちまち退屈してしまい、隣にいるフルシチョフにこんな言葉を投げかけた。

……私なら、あんな踊り方はこんりんざいできないぞ。君はどうかね？　なぜあんな踊り方をするのだ、爪先で飛んだり跳ねたりして？　気分が落ち着かなかったよ。どうして正常な踊りをしないのかね？

この二度目のモスクワ訪問がおそらく毛沢東の人生の絶頂だったに違いない。自分を侮蔑し苦しめたソビエト代表と自分が肩を並べ、新生中国もまもなく追いつくことができるだろうという夢想に浸れただろうからである。

毛沢東は意気揚々とソビエトから帰国後、大躍進政策に乗り出す。この大躍進政策は、ソビエトがアメリカに短期間で追いつこうとするのに見習って、中国もイギリスに経済力・生産力で追いつこうとする目的からスタートしたと言われている。しかし内実は、毛沢東が気に食わないライバル共産国・ソビエトに追いつこうとする一大運動だった。

史実で知られているように、市場原理や自然連鎖を無視しておこなわれた大躍進政策は大失敗に終わる。工業生産はおろか、主要産業の農業生産も大打撃を受け、中国全土で数千万の餓死者が出る状態に陥った。李志綏の手記によれば、飢餓は政府高官の居住区の中南海にも押し寄せ、李の妻もひどい栄養失調に陥ってしまった。政府高官でさえ飢餓に見舞われ、そんな周囲に気をつかってか毛沢東はしばらくの間、肉を口にするのをやめてしまったほどであった。これを原因とする毛沢東の権威失墜がのちの文化大革命での血の大粛清と連関することになる。大躍進後の毛沢東の政治的人生は、恐ろしいほど急な下り坂だった。

もし東欧その他の社会主義国でこのような大混乱が起きたのならば、その国の政府はソビエトへ依存することで乗り切ろうとしたであろう。ところが対外的には中国はソ連との対立をますます深めていった。毛沢東はフルシチョフの平和共存外交を事あるごとに「ソビエト修正主義」とレッテル貼りして激しく非難。堪忍袋の緒を切らしたソビエトは一九六〇年、中国に派遣していた科学技術者グループをすべて引き揚げさせてしまう。さらに一九六二年の中国とインドとの国境紛争でソビエトはインドに軍事援助をおこなう。両国は実質的に敵対関係に陥ったわけである。

一九六三年七月、険悪化した中ソ関係を打開するため、毛沢東の命を受けた鄧小平が代表団を引き連れてモスクワを訪問した。ところが鄧小平はフルシチョフと激しい応酬を演じ、交渉決裂のまま帰国してしまった。この鄧小平の態度に毛沢東は狂喜する。高崗の粛清の際もそうであったが、鄧小平は毛沢東の意志に忠実な部下であり、それがゆえに文化大革命失脚後も復権することができたのである。

中ソ対立はその翌年の中国の核兵器保有、一九六七年のソ連当局の中国大使館襲撃、一九六九年のダマンスキー島事件などによってさらに激しさを増す。文化大革命による国内の混乱状態の中、休む間のない政敵への粛清を続けながら毛沢東は、ソ連との核戦争が迫っていると全土に警戒を発する。北京への核攻撃に備えて政府首脳を北京から地方に分散するように命じ、また全土で核シェルターの建設をおこなうよう指示した。

もし中ソ全面戦争になったとして、大躍進と文化大革命で疲弊混乱しきっている中国の国力ではとうてい勝ち目がないことは明らかであった。人口以外のすべての面で中国はソビエトに完全に劣っていた。毛沢東に、かつて国民党と対決していたのと同じような大いなる危機が訪れようとしていた。

毛沢東が仕掛けた日本人への罠

中ソ対立が一触即発の状態の段階にまで至る中、日本と中国共産党政権の関係はどのように推移していたのであろうか？

中華人民共和国が中国本土で一九四九年に成立したのち、日本はアメリカの方針に従い、台湾の国民党政権・中華民国を中国の代表として認め続けた。田中内閣以前には、中国本土との国交回復交渉を主張した鳩山一郎や石橋湛山《たんざん》の内閣もあったが、基本的にはアメリカの台湾重視外交に追随した。戦後から一九七〇年代入り口まで、政治的には日中間はほぼ断交状態だった。

しかし政治的には断交状態にあっても、日中間の民間レベルでの経済交流・貿易は拡大する。これは政経分離の方針で中国との経済交流推進に動いた池田勇人内閣の存在が大きい。一九六〇年代後半には、中国にとっての最大の貿易相手国は日本になっていた（日本側はそうではなかったが）。中国側としても、大躍進や文化大革命の失敗とソ連との緊張激化による交流縮小の中、先進国である日本との経済的交流の拡大は大きな助けになった。

もちろん当時の中国国内でも「日本帝国主義打倒・日本軍国主義復権反対」というプロパガンダ、キャンペーンは盛んに張られていた。しかしその勢いは今日の中国政府の反日宣伝とは比べものにならないものので、アメリカ帝国主義批判やソビエト修正主義批判のほうがはるかに苛烈《かれつ》なものだった。ゆえに日本国内における中国共産党への反発心も今日に比べて非常に低かった。近代日本は一貫してソビエト・ロシアへの嫌悪感が強く、これも毛沢東にとっては好都合である。国内外で窮地に陥っている毛沢東にとって、かつての日中戦争のときのように、日本の存在が「頼もしい存在」としてふたたび蘇ってくるように思われたのである。

まず毛沢東は政治的にははるかに遠い距離にある日本に、緩やかな、しかしきわめて強い形での「種蒔《たねま》き」的な工作を開始する。この工作を理解するために毛沢東の思想の中の二つの要素に注目する必要があるだろう。

まず一つに「中間地帯論」という毛沢東の自論の存在である。「中間地帯論」とは、アメリカ帝国主義とソビエト修正主義という「第一の敵」と中国の間にある「中間地帯」に日本人民はいる。この日本人民は戦前は日本の軍閥、戦後はアメリカとソ連の脅威にさらされているから、日本人民の反アメリカ・反ソビエト運動を支援するのが中国の役割だということである。つまり日本人をうまく中国が手なずけなければならない。

第二に、毛沢東が文芸その他、人文科学の力を非常に重視していたということである。毛沢東は幼少期からたいへんな読書家で、とりわけ文学小説と歴史書を毎日のように読んでいた。自らの党派に誘導するときに、それら読書から得た格言、アフォリズムを使い、相手の心を奪ってしまうことは、毛沢東の人間的戦略での最大の武器であった。つまり政治の力は文学や歴史学の知力によって生まれると毛沢東は考えていたのである。毛沢東の『文芸講話』には、次のようなくだりがある。

……われわれは、文芸の重要性を、正しくない程度にまで強調しすぎることには賛成しないが、文芸の重要性を過小評価することにも賛成しない。文芸は政治に従属するものであるが、また逆に、政治に偉大な影響をも与えるものでもある。革命文芸は、全革命事業の一部であり、歯車やネジ釘であり、他のもっと重要な部分にくらべれば、むろん、軽重のちがい、緩急のちがい、第一第二のちがいはあるが、しかし、機械全体に対して欠くことのできぬ歯車やネジ釘であり、革命事業全体に対して欠くことのできぬ一部である。

一九五〇年代後半から六〇年代にかけて、実に多くの日本人作家や人文科学者が中国にしきりに招待され、政府高官の手厚いもてなしを受けた。中には毛沢東や周恩来と直接会談した人物も少なくない。この招待旅行、毛沢東ら政府首脳との会談こそ、日本という「中間地帯」の知識人を中国に隷属させるための毛沢東の戦術に他ならなかったのだ。

公的な招待旅行というのは同時期、ソビエトもおこなっていて、たとえば小林秀雄もソビエトを訪問している。しかしソビエトの招待旅行は現地の作家同盟によるもので、別にスターリンやフルシチョフに会ったわけではない。旅行自体がきわめて非政治的なもので、小林がフルシチョフ万歳やソビエト万歳になって帰ってくるということはなかった。

だが中国共産党の招待旅行はまったく違っていた。毛沢東や周恩来のあまりにも巧みな話術と振る舞いに、面談した日本の知識人の面々のほとんどが完全に魂を奪われてしまい、中国支持に傾斜してしまうことが頻繁に起きたのである。これらの知識人は、国交もなく、政治体制もまったく違う中国国家の完全なシンパになって帰国し、中国共産党に命じられたわけでもないのに、さまざまなロビー活動を延々と展開することになったのだ。

孫文や蔣介石たちに振り回されたかつての日本人の面々は、中国人指導者と交友をもったり、あるいはその主義主張に同じたりして、その「近しさ」がゆえに悲劇や徒労に直面した。しかしこのときに追随した知識人の面々は毛沢東や周恩来とは少しも近しくない。おそらく中国に招待されるまで、毛沢東主義などには何も関心をもっていなかったであろう。それにもかかわらず、人生でわずかの瞬間だけの毛沢東・周恩来らとの出会いが、彼らの中国観のすべてを変えてしまったのである。

毛沢東の「種蒔き」は本人の予想以上に成功したのだ。こうして日本の言論界はいつのまにか中国に足をすくわれ、一九七〇年代以降の世論は不思議なほど中国に同調的なものになっていった。一九四九年の共産中国の建国から一九七〇年代の国交回復までの日中の断交状況にあって、毛沢東による日本の知識人の籠絡《ろうらく》が日中間の最大の出来事であったと私は考えている。

亀井勝一郎らをシンパにした毛沢東

毛沢東に魂を奪われてしまった知識人を何人か紹介することにしよう。たとえば、亀井勝一郎である。

亀井勝一郎は学生時代、マルクス主義に傾倒したが、やがて運動に絶望し政治から離れた。以後は聖徳太子や親鸞《しんらん》に傾倒、伝統的日本の感性の探究に努めた文芸評論家である。『日本浪曼派』の創刊時の同人の一人であり、また太宰治の親友としてもよく知られている。『人間教育』、

『愛の無常について』、『無頼派の祈り』などの書は、一昔前の文学青年だったら必ず読んだ歴史的ベストセラーである。

亀井の人生、思想とは、共産主義思想、政治的思想への限界を感じることでそこから反転、仏教や芸術に可能性を求めてきたものだったはずである。だが毛沢東に会った亀井は一瞬にしてその存在に飲み込まれてしまった。帰国後の彼のエッセイではそのときの感銘感動が次のように語られている。

……中国革命の最高指導者であり、また世界中が注目してゐるこの高名な人物に目のあたり接したといふ感動が私のうちにあつた。その話ぶりをふりかへつてみると、淡々として明快、平凡でさへあるのだが、何んともあと味のいいものであつた。ことさら革命的言辞を弄《ろう》するでもなく、また重くるしさなどすこしもない。政治家、共産主義者といふよりは、私にはむしろ偉大な教師といつた印象が強かつた。日本に帰つてから、様々の人から、「毛沢東といふ人はどんな人物だつたか」としばしば聞かれるが、私は「中国のモーゼだ」と答へることにしてゐる。

……毛沢東選集を読んだときも感じたが、どこまでも中国といふ国土に即して、あらゆる困難な条件のもとに、誇張もせず萎縮《いしゅく》もせず、実にあたりまへのことを着々とやりとげた人だといふ印象を受けた。マルクス・レーニン主義によつて導かれたであらうが、マルクス・レーニン主義がなくても、中国革命を達成したであらうと思はれるほどの強烈な土着性を感じた。

私は約五十年前の言葉を読んで、亀井に人間観察の眼力がなかったとか間が抜けていたとか言うつもりはまったくない。毛沢東が被っていた仮面は実に巧みだった。しかしその仮面はあくまで彼が使い分けている顔の一つかもしれないくらいの懐疑はあってもよかったのではないだろうか。人間観察に長けた文学者として最低限感じるべきことだったのではないだろうか。

たとえば十九世紀ドイツの作家オットー・ルードヴィッヒは「独裁は常に単なるアリアであって、決してオペラではない」と言っている。アリアの独唱は、さまざまな楽器の演奏によってつくられていくオペラの総合力の美しさには決して及ばない。しかし時として美しく巧みなアリアは、オペラ全体の代表を演じてしまうような魔力をもつ。美しすぎるアリアは独裁者である。それによっておさえつけられてしまう被支配国の民衆はオペラである。そのアリアの威圧の嫌らしさに気づいて、若き日の亀井はマルクス主義やレーニン主義の個人崇拝を放棄したのではなかったのか。

毛沢東が魅力的な人物と映ったのだったら、その場限りの「アリア」への人間的感想を述べるだけでよかったのである。にもかかわらず「中国のモーゼ」とか、「どこまでも中国といふ国土に即して、あらゆる困難な条件のもとに、誇張もせず萎縮もせず、実にあたりまへのことを着々とやりとげた人だといふ印象」とかまで感じて記している亀井は、「アリア」と「オペラ」の区別を完全に忘れ去ってしまっている。善意のヒューマニスト亀井勝一郎は、毛沢東の策に最も思いのままにはめられた人間だったのだろう。

進んで中国に媚びた大江健三郎

日本の知識人たちの招待旅行はもちろん、毛沢東たち共産党政府首脳に会うばかりが目的ではなかった。いろいろな文化施設、生産の場である人民公社などにも案内された。あらためて確認するとこの招待旅行の時期は大躍進政策失敗の真っ只中である。李志綏の手記にあるように、農村どころか、都市部、共産党最高幹部の居住区である中南海ですら飢餓が押し寄せていた。中国全土はどこも、まさにその日暮らしの最悪の状態にあった。

そのことを前提にして大江健三郎の次のルポルタージュを読んでみることにしよう。

……しかし北京にはなんと多くの明るい目があふれていることだったか。歴史博物館で、中国の歴史を説明してくれた案内係の少女も、この明るい目の種族の一人だった。(中略)少女はまったく楽しそうに説明した。彼女の頭の中には社会主義の原則がうまく消化されていて、それが少女の説明にひかえめではあるが自信にみちた力強さをあたえている。ここで社会主義の原則というのは、やはり女学生の知恵といってもいいくらいに彼女の心にしっくりした知恵である。

……この少女のユーモアにみちた個性は、中国にひろくゆきわたっているもののように感じる。それはいたるところで明るい目の若者に会うことと事情が似ているといっていい。この自由なユーモア、明るい目だ。私は、農村である私の故郷で、しだいにユーモアがうしなわれ、暗い目がふえるのを見てきている。それは見ているのが苦しいながめだ。

……中国をおとずれ、若い人たちと会い、私は自由な自分の精神の誇りにかけて、つぎのような決意をかためた。かつて私の文章に共感してくれたことのある日本人の青年のすべての目にふれることを祈りながら、私は北京からこの通信をおくる。信じていただきたい。中国の人たちは日本人の真の独立をのぞんでいる。アメリカにつくか、中国・ソビエトにつくか、の二者択一だという考えは、さもしい根性の考えちがいである。私は、長い外国軍駐留からきたこの卑屈な根性をすて、北京の明るい目の青年たちの素直な友情を信じる。私はいかなる軍事同盟にも賛成しない。

亀井勝一郎の文章は、素朴な善意が仇になった過剰な毛沢東礼賛で、政治的な意図、悪意というものはなかった。しかし大江の文章は亀井の善意とはまったく異なっている。

一番目の文章で、北京の少女たちの「明るい目」（その演技の裏では激しい飢餓に苦しんでいる）を感じつつ、自分の故郷日本の農村がその対照的な暗さに喘《あえ》いでいると大江は記す。大江が大躍進政策の飢餓を知らなかったこと、少女たちの演技・プロパガンダを見抜けなかったことは鈍い観察力しかなかったのだから致し方ないとしよう。しかしいったいなぜ、大陸中国の現実への感想が、二番目の文章での日本の農村に対しての否定と結びつくのであろうか。

三番目の文章の論理もおかしい。日本の政治的独立のためにアメリカ軍の駐留を廃するというのは一つの考えではある。しかし、「北京の明るい目の青年たちの素直な友情」と「私はいかなる軍事同盟にも賛成しない」は、なぜ結びつくのであろうか。たとえ空洞化しつつあったものとはいえ、中国共産党政権がソビエトとの間に軍事同盟に該当する相互援助条約を締結していることを大江は知っているであろう。「真の独立」と「軍事同盟」は原理的に少しも矛盾しない。

亀井の文章になく大江にあるものは、嫌らしいほどの中国への政治的な媚《こ》び、おべっかなのである。中国当局としては、毛沢東と中国の現実を礼賛してくれれば招待旅行の目的は達成されたことになる。しかし大江はそれだけでなく、日本の農村の否定＝反日主義や、中国にとって最も都合のよい安全保障的に「裸の日本」を中国政府と中国人の前に「サービス」的に提示するのだ。

大江はその後、二十一世紀の今日にいたるまで中国共産党政権礼賛と反日主義を結びつけた言論活動を展開し、知識人の中における「在日本・日本人中国親善大使」のような役割を演じ続けることになる。数ある大江の中国共産党礼賛の中で圧巻なのは、岩波新書のロングセラー『ヒロシマ・ノート』にある次の文章であろう。この文章は中国が核兵器を保有した一九六四年に記された文章である。

……中国の核実験にあたって、それを、革命後、自力更生の歩みをつづけてきた中国の発展の頂点とみなし、核爆弾を、新しい誇りにみちた中国人のナショナリズムのシムボルとみなす考え方がおこなわれている。僕もまたその観察と理論付けに組する。しかし、同時に、それはヒロシマを生き延びつづけているわれわれ日本人の名において、中国をふくみ、現在と将来の核保有国すべてに、否定的シムボルとしての、広島の原爆を提示する態度、すなわち原爆後二十年の新しい日本人のナショナリズムの態度の確立を、緊急に必要とさせるものであろう。

大江のこの文章の論旨はほとんど滅茶苦茶であるが、言いたいことを何とか解釈すれば、「日本人にとって原子爆弾は否定的シンボルであるが、中国が核保有することは別問題として許される」という意味であろう。『ヒロシマ・ノート』は核兵器否定・根絶を唱えたロングセラーで、反核運動のバイブルのような存在の本である。その本において大江はわざわざ、中国の核保有は反核運動の例外だと媚び、おべっかを言っているのである。

大江にとって中国の存在は、日本国内の反核運動や平和主義などよりも優先されるべきものだ。ここまで「従順」な日本人知識人が生まれたことに、あの世の毛沢東は喜ぶのを通り越して呆《あき》れているのではないかと思う。

毛沢東にかぶれて正気を失った井上清

亀井勝一郎は善意で毛沢東の策にはまり、大江健三郎は悪意でもって進んで毛沢東に洗脳された。ただ両者とも愚かしいことには違いないが、「正気」でもって善意・悪意の選択をしていることは事実だった。しかし次の井上清の例は毛沢東思想にかぶれて正気を完全に失ってしまった、ほとんど「病気」と言えるものである。

井上清は東京帝国大学国史学科で羽仁五郎の指導を受けたのち、文部省嘱託を経て京都大学教授となった近代史学者である。やがて左派陣営の論客の代表的存在となるが、一九六〇年代に入り文化大革命を巡り中国共産党を支持した。以後、井上は日本で最も過激な毛沢東礼賛者として活動することになる。

文化大革命の大粛清の最中の一九六七年、北京で井上がおこなった講演の一部である。もはや「理論」とか「評論」とかではなく、「決意表明」「感情吐露」としか言いようのないレベルのものだが、これが曲がりなりにも日本を代表する歴史学者の口から中国人に向かって語られたことに私はあらためて慄然《りつぜん》とした思いを禁じえない。

……中国のプロレタリア文化大革命は、プロレタリア独裁の下で、人民の大民主を実行し、思いきり大衆を立ち上がらせ、マルクス・レーニン・毛沢東思想を堅持し実践して、中国を永久に変色しない社会主義の国として発展させ、やがて共産主義に中国人民と全人類を導いていく前人未踏の大革命であり、それが大勝利のうちに発展しています。……毛沢東万歳、万万歳！

井上はこれ以外にも、「中国では軍隊に位階制もなく、元帥から兵まで服装は一緒である」とか、「中国では毛主席語録の活学活用ということが徹底しているのに驚いた」などという発言を残している。この時期、中国では毛沢東のソビエト嫌いに迎合したのか、京劇とバレエを折衷した珍妙な音楽劇がつくられた。この京劇バレエについて井上は次のように大真面目に評価する。ここまで来るとある種の「喜劇」になってくるように思われる。

……バレエにしてもソ連の古典バレエにくらべ……単に王女さまが革命の女兵士になっているということではなくて、バレエのあらゆる技法を１００％生かしながら『白鳥の湖』『ジゼル』などとはまったくちがった、人民のバレエの世界を作り出している。

井上が困った存在なのは、これら喜劇じみた毛沢東礼賛・文化大革命礼賛の余勢をかって、「尖閣諸島は中国の領土である」と破天荒な論理で肯定したことである。その「日本を代表する近代史学者が尖閣諸島についてこう述べた」は今なお、中国政府によって重宝されている。数年前の尖閣諸島をめぐる紛争の際も、中国政府の外交スポークスマンが井上の言葉を引用するということがあった。

十八世紀の琉球王国の歴史書に尖閣諸島の記述があることについて、井上は「琉球王国は中国に朝貢していたので、琉球人の書は中国の書であるといえる」とその意味を否定した。そして尖閣諸島は日清戦争の際に日本が奪い取ったものであり、ポツダム宣言で中国に「返還」されたものだという、ほとんど児戯にひとしい論を展開した。毛沢東の日本国内の知識人への種蒔き工作は、二十一世紀においてこんなふうに生きていると言うことができる。

ところで井上清は文化大革命礼賛をおこなった一九六七年にそれを理由に日本共産党を除名されている。この背景には日本共産党と中国共産党の対立の激化があった。

井上除名の前年、日本共産党議長の宮本顕治は中国を訪問し毛沢東と会談した。テーマは、激化していたベトナム戦争に関するものだった。各国共産党が共同戦線を張って北ベトナムを支援する政策について宮本も毛沢東も基本的に同意した。ところが、この共同戦線にソビエトを入れるべきかで日中両国の見解が衝突する。

戦前はコミンテルンの支部のような存在だった日本共産党であるが、戦後はソビエトとの仲は良好ではなくなり、一九五〇年代は中国共産党に同調してソビエト批判をおこなう。しかしベトナム戦争支援に関しては旧来の行きがかりをいったん捨てて共闘すべき、というのが宮本の考えだった。これが心底からの反ソビエト派である毛沢東にはまったく気に入らなかった。

日中共産党の関係は宮本と毛沢東の会談決裂後、たちまち険悪化し、中国共産党は繰り返し日本共産党を批判。日本共産党も文化大革命・紅衛兵を非難攻撃する。この状況の中で日本共産党は井上ら毛沢東礼賛派を除名したのであるが、この一九六七年には、「赤旗」の北京特派員が北京空港で紅衛兵に拉致《らち》暴行される事件まで発生している。日中共産党の和解が実現したのは、断絶から実に三十年以上が経過した一九九八年になってからであった。

この日中共産党の対立の史実が示すように、日本国内の左翼論客なり左翼党派がイコール中国共産党に同調したり操作を受けるということではない。このことに注意を払う必要があるだろう。中国共産党政権がおかれた複雑な政治的・国際的ポジションによって、「親中国・反中国」がめまぐるしく入れ替わるという現実が二十世紀後半の日中関係の中にあったのだ。共産主義者であっても信用しない、共産主義者でなくても自分に有利をもたらしてくれる人間なら提携する。汪兆銘との連衡を考えた毛沢東の思想は、日本国内の左翼に対しても徹底して貫かれていたと言えるだろう。

小田実の不思議な毛沢東観

このことを踏まえて、もう一人の戦後知識人・戦後作家、小田実《まこと》の中国観・毛沢東観に触れてみよう。

小田実は戦後の左翼論客の中で最もヒロイックな存在だった人物である。彼はもともと中村真一郎の推薦で文壇に登場した正統派の戦後派小説家の一人だった。彼をビッグネームにしたのは世界旅行記『何でも見てやろう』と、「ベトナムに平和を!・市民連合」(ベ平連)によるベトナム反戦運動である。特にベ平連運動は小田の存在を大きなものにした。

小田自身は教条的マルクス主義者ではないが、ベ平連運動を通じ、共産圏国家との付き合いを深めていき、それらの国々を賛美する著作も多数記した。たとえば『私と朝鮮』では、金日成を手放しで礼賛している。

その小田に『毛沢東』という著作がある。小田はベトナム反戦運動全盛の一九六〇年代には中国とのかかわりは特になかった。小田が中国に接触したのは一九七六年以降であり、それ以降、幾度も訪問、一九八四年には半年にわたり長期滞在している。中国側としても日本を代表する反体制活動家に相当の神経を使ってもてなしたものと思われる。ただし、この『毛沢東』という書は小田と中国の親密な時期の締めくくりとして書かれたと言うことができよう。

この『毛沢東』は非常に冷めた筆致で記されている。ある意味で大江健三郎などよりはるかに現実政治で左派のポジションを強くもっている小田が、ほとんど毛沢東について肯定的な見解を述べていない。しかし反面、これが小田のたいへんしたたかな面であるのだが、毛沢東への明瞭な批判も述べていない。小田はまるである意味、義務感のようなものに従って、肯定もしない否定もしない毛沢東論を書いているのである。つまり「冷めて」いるのだ。

この冷めた書きぶりは、もちろん小田が中国にかかわった時期が文化大革命が終焉《しゅうえん》し、毛沢東もこの世から去った頃、つまり一つの混乱が終わった時代だったことに大きく関係している。しかし忘れてならないのは、小田が支援したベトナムが有史以来、中国と相当の敵対関係にあったということであろう。

中国の歴代王朝は数十回にわたりベトナムに侵攻している。ベトナム戦争のときは確かに政治的支援関係にはあったが、ベトナム戦争が終わってまもない一九七九年、さっそく中国は中越戦争を引き起こしているのである。ベトナム人のアイデンティティには反中国があり、中国の側にはベトナムへの侮蔑がある。小田が自身の左翼的政治性に自覚的であればあるほど、両者の相克を意識しなければならなくなるのだ。思い切りベトナムを支持し中国・毛沢東の傲慢を叩きたいが、それでは、毛沢東礼賛が高まっている日本の国内左翼の反感を買いかねない。

そのような理由から、毛沢東と中国共産党を礼賛もせず非難もしないでいる。だが次の箇所では毛沢東や中国への否定的ニュアンスを微妙に隠しきれないでいるようである。

……ただ、本文中に書いたように、運動（ベトナム反戦運動）が高揚し、はやりになっていたときには、私は毛沢東のことを今のように真剣に考えていなかった。いや、「ベトナム」のこと自体にさえも、同じことが言えるだろう。私が毛沢東のことを真剣に考えたのは、高揚が過ぎ去り、はやりが終ってからのことだ。

……私の直接のまわりでも、「文革」を多くの人が熱情をこめて語っていた。毛沢東への熱狂的な個人崇拝、紅衛兵たちの赤い小さな本をふりかざしての行進はいただきかねても、「文革」がただの革命ではないこと、それはもっと根源的に近代文明全体に対する挑戦であり変革であることを、人びとは声高に論じていた。なかには中国に行き、「文革」の現場を見て来た人たちもいて、そのなかの何人かが「農業は大寨に学べ」の大寨について懸命に論じていたこともあざやかに記憶に残っている。それらの話が私を感動させ、考えさせなかったというのではない。しかし、私はどこかついて行けないものを感じていた。

小田の政治運動は常に「弱いもの」への救援を目指すものだったことを見逃すべきではないであろう。中国にせよ毛沢東にせよ、小田の精神的基準では「弱いもの」とはとうてい認識できなかった。こうして小田実は日本共産党と同じく、日本国内の反体制の先鋒にいながら、毛沢東の取り込み術からはずれ、中国に振り回された面々に加わることはなかった。

田中角栄と毛沢東の一時間

ソビエトという毛沢東の人生後半における最大敵への対処として、「頼もしい日本」への取り込み策は一九六〇年代から七〇年代初期にかけて、日本共産党や小田実のような例外はあったにせよ、巧妙に進行していった。毛沢東にとって幸いなことに、日本の政情も有利に動き始める。親米政策を推進した佐藤栄作政権の長期化に日本国民が飽き、大陸中国との国交回復を目指す田中角栄が有力な後継候補として力を増していた。田中角栄は日中国交回復に消極的な福田赳夫《たけお》を自民党総裁選で大差で破り、首相の座についた。一九七二年七月のことである。

ほぼ同じ時期、毛沢東はアメリカにも接近をはかり、一九七二年二月、ニクソン大統領は電撃的な中国訪問を果たし、日本をはじめ世界中を驚かせた。しかし多くの中国問題の専門家が指摘するように、米中の接近とその半年後の日中国交回復は直接的な関係はない。アメリカは日本の対中国の独自外交を好んでいなかった。そして台湾問題を抱えるアメリカが中国と正式に国交回復するのは一九七九年になってからである。

日中国交回復は、アメリカの勢力圏から離れたところでおこなわれた日本と中国の独自の取引だったわけである。田中は首相就任からわずか二ヵ月後の九月二十五日、代表団を連れて北京を訪問した。そして九月三十日、田中が北京を離れるときには、国交回復は決していた。

この国交回復交渉のスピード決着の裏で何がおこなわれていたのかに関して数多くの本や論文が書かれてきたが、その中で青木直人氏の『田中角栄と毛沢東』は最も優れた作品ではないかと思う。この書の優れているのは、日本とアメリカがなぜ中国への接近をはかったのかという謎を、当時盛んに指摘された中国での石油利権についてリアルに語っている点である。

今日、日本以上の石油輸入国に転落している中国から想像しがたいことだが、一九七〇年代初頭の中国は大慶油田をはじめ、巨大な石油埋蔵があると信じられていた。アメリカの石油メジャー資本はかなり早い段階から中国での利権確保に動いており、それに負けじと動いたのが田中角栄であった。

田中は、戦後日本ではじめてと言っていいくらい、日本の独自の国益圏をつくることを目指した政治家だ。田中からすれば、アメリカの息のかかった中東地域以外に友好的産油国をもつことで、アメリカの潜在的支配から脱することができると考えたわけである。単なる中国共産党政権贔屓《びいき》が田中の日中国交回復の意味ではなかった。

しかし田中の北京での六日間の交渉は決して捗々《はかばか》しいものではなかった。青木氏の本には、この交渉のプロセスも、さまざまな新情報を交えて生々しく描かれている。日中国交回復交渉での大きなポイントは、日本が台湾＝国民党政権と断交できるかどうかだった。

田中は台湾との外交関係は大陸中国との国交回復とともに自然に消滅するという自然消滅論を唱えた。これに対し周恩来は戦時賠償の放棄を条件に、日本に台湾との正式な断交を求める。この戦時賠償の問題は日本側のアキレス腱《けん》で、数十兆円が請求されかねない状況であった。交渉はさらに、田中が歓迎晩餐会《ばんさんかい》で過去の日中戦争を「ご迷惑」といったことで中国側の怒りを買うなどのアクシデントも起きている。九月二十七日の第三回首脳会談を終えた後などは、暗礁に乗り上げたと言っていいような状況に陥ってしまう。

九月二十七日のこの首脳会談の後、田中はそれまで日本代表団の前に一度も姿を現さなかった毛沢東に面談した。田中たちはここで一時間の会談をおこなっている。従来、この会談は和やかなもので、政治の話はほとんど出ず、毛沢東と田中の間のざっくばらんな対談だったと言われてきた。しかし青木氏の綿密な調査は、この一時間の対談の中に、北京での六日間での最大の転換点があったことを明らかにした。この田中・毛沢東対談の後、暗礁に乗り上げていた日中交渉は双方の歩み寄りにより急速に進展し、二日後の妥結にいたる。

ではこの一時間の田中と毛沢東の対談において何が語られたのであろうか。このときなされた毛沢東の田中への話こそ、孫文に始まる中国による日本の振り回し、取り込みの完成だったのである。孫文や蔣介石がなしえなかったことを毛沢東はこのわずか一時間の会談で見事に成功させたのだった。

この日中国交回復交渉のとき、毛沢東は七十八歳になっていた。側近はここ数年の間、彼の体力が急激に衰えたのを感じていた。文化大革命の失政に引き続いて、その前年、後継者と思い込んでいた林彪《りんぴょう》に裏切られた精神的ショックがその衰えの原因であるかのように医師団には思われていた。心臓と肺はしばしば疾患を引き起こし、ニクソン訪中のときなどは、医師団はいざというときに備えて、会見場所に救命道具を隠していなければならないほどだったという。またこのときすでに、彼は自らの死を早めた筋萎縮性側索硬化症（ルー・ゲーリッグ病）に罹患していた。

しかし数々の修羅場を潜り抜けてきた毛沢東の気力、数々の人間をたらしこんできた演技力はいまだに健在であった。田中とともに毛沢東の会談に立ち会った官房長官の二階堂進はそのときの毛沢東の印象を次のように語っている。それはその十年前に、亀井勝一郎に感じさせた印象とほとんど変わりないものだった。

……この人があの毛沢東なのか。そう思えるほど庶民的な印象でした。一見、私の郷里の鹿児島にいるような、田舎のおじいさんにしかみえないのです。私はもっと威厳のある、いかにも偉そうな人を想像していました。とはいっても、素朴な外見とは裏腹な、スケールの大きさを感じさせる雰囲気を持ちあわせていることにも気づきました。

……それにしても毛沢東という人は並みの政治家じゃない。その国土に似て、とてつもなく器が大きい。些事にこだわらず大局を見、背負っている悠久の歴史をそのまま体現したような、日本の政治家にはないタイプでした。

毛沢東の傍らには首相の周恩来がいた。日本代表団からすれば息のあった監督とヘッドコーチのような関係にみえる共産中国のシンボルの二人であったが、その実はまったく違っている。二人の関係は残酷極まりない皇帝と、血肉を提供してまで忠誠を尽くす陪臣の関係だった。

このとき七十四歳の周恩来は、実は膀胱《ぼうこう》がんを発症していた。この診断結果は、周恩来より先にまず毛沢東に伝えられた。ところが驚くべきことに、毛沢東は医師団に周恩来にがんのことを内密にさせ、がん治療そのものを禁じるように厳命したのであった。毛沢東の命令のせいで周恩来の治療は一年近くも遅れ、ようやく医師団が治療と告知をしたとき、すでに手遅れの状態であった。実質的に、毛沢東が周恩来を殺したようなものだった。

日本をはじめ西側世界のメディアには、周恩来は温厚な好人物ととられることが多かったし、今なおそのように考えている面々は少なくない。日中友好の象徴とシンボル化している向きさえ少なくない。しかし周恩来の本当の姿は毛沢東の権威をこの世で一番恐れ、その権威を盛り立てることに人生のすべてをかけた恐ろしく小さな人物に過ぎなかった。

李志綏の伝記では周恩来の毛沢東への臆病な追随のために、李が煮え湯を飲まされた場面が何度も出てくる。李志綏が側近として一番悩まされたのは、毛沢東夫人の江青《こうせい》の横暴で残忍な振る舞いだった。彼は幾度も周恩来のところにそれを訴えにいくのだが、その都度、巧みに逃げられてしまう。周恩来は自己保身のためには平気でそのようなことをする人間だったのである。毛沢東が心臓病で倒れたという報を聞いて、ショックと悲観のあまり、周恩来がそのとき乗っていた自動車の中で失禁して車内を汚してしまったという情けないエピソードもある。

またこんなこともあった。

……人民大会堂の一一八号室で毛沢東に自分の考えを説明しようとしながら、周恩来は地

図をとりだして床にひろげ、絨毯《じゅうたん》のうえに膝《ひざ》をついて毛沢東に自動車行列の進むべき方向をしめした。毛沢東は突っ立って煙草をくゆらせながら、首相が床を這《は》いまわるのを眺めやった。周恩来ともあろう者が毛沢東の前で跪《ひざまず》くのは屈辱的に思われた。かりそめにも周恩来ほどの人物、中国の宰相がそんなふうにふるまうのを前にして私は目のやり場に困った。

これほど徹底した追随にもかかわらず、毛沢東は生涯にわたって周恩来を信用することはなかった。『周恩来秘録』の著者の高文謙《こうぶんけん》によれば、毛沢東が周恩来を儒家の典型とみなしていたからなのだという。毛沢東は若い頃から儒家が大嫌いであった。毛沢東によれば、儒教を信奉するものは表面的には穏健温厚でバランスのとれた君子を装っているが、内面は傲慢で狡猾《こうかつ》そのものだと考えていた。その典型が周恩来だと毛沢東には思えたのである。

一九七二年の米中接近と日中国交回復により、世界中が周恩来の功績を称える。このことが毛沢東を激怒させ、彼の人生最後の国民運動である批林批孔《ひりんひこう》運動に向かわせることになる。この批林批孔運動は、毛沢東による周恩来批判運動だった。その中でなされたのが膀胱がんの治療禁止という残酷きわまる仕打ちだったわけである。

つまり、日中国交回復交渉の場に周恩来がいて活動活躍していること自体が彼の生命を削ったわけである。能天気な日本代表団はもちろん、二人の間のそんな真実を知る由もなかった。ゲーテの言葉に「人が本当に悪くなると、他人を傷つけることにしか関心をもたなくなる」というくだりがあるが、周恩来に対しての毛沢東の態度は、まさにその悪人そのものであったと言うことができるであろう。よいコンビだったどころの話ではない。独裁者毛沢東の本当の残忍さは、周恩来への絶望的なほどの態度をみると一番よくわかることだろう。

田中角栄はおろかだったのか

日中国交回復交渉における毛沢東と田中の会談の場面に戻そう。青木氏によると、ある程度の雑談で場を和んだものにした毛沢東が（これこそが毛の高等戦術であるが）、田中に向かって「田中先生、日本には四つの敵があります」と切り出したという。

「四つの敵」について、田中は毛沢東が、「アメリカ帝国主義」や「日本軍国主義」というような答えを自答すると考えていた。あるいはそれをきっかけに、日中戦争の謝罪問題や、台湾問題での言質を日本側から取るのではないかとも予想した。しかし毛沢東の答えは意外なものだった。曰く、日本の敵は「ソ連」、「アメリカ」、「ヨーロッパ」、そして「中国」だというのだ。

毛沢東はゆるやかな口調でさらにこんな歴史論を説き始めた。

……あなた方はヒットラーをご存じですね。今でもヒットラーは西側の一部では尊敬されていますが、わたしの見るところではバカな男です。彼はイギリス、フランスを敵に回し、ソ連に挑み、最後にアメリカと衝突したのです。中国人民も敵になったのです。なんと愚かな男でしょうか。お国の東条も同じでした。まず最初に中国と戦いました。アメリカに戦争を挑み、イギリス、フランスとも衝突しました。最後にはソ連とも戦う羽目に陥ってしまった。世界中が日本の敵になったのです。みんなを敵にまわして、東条は自滅してしまったのです。

毛沢東の第二次世界大戦観は正しいものではない。ヒットラーと東条英機を同等にみることからして、まったく通俗的なものである。しかしこの会談の場で重要なことは歴史観の是非ではない。そのことは毛沢東自身が一番よくわかっていたはずである。毛沢東はある重要なことを次に言おうとして、通俗的歴史観をくだくだと述べただけである。

田中の鋭敏な頭脳は、毛沢東の話をここまで聞いて、毛沢東が何か歴史的な提言を伝えようとしていることに気づいていたに違いない。しかし毛沢東の次の発言は、おそらく田中の頭脳の中の予想をはるかに超えたものだった。

……あなた方はもう一度ヒットラーや東条の歩んだ道を歩むのですか。よく考えなければいけません。世界から孤立して、自暴自棄になって自滅していくのですか。アメリカ、ソ連、欧州、そして中国。この四つを同時に敵に回すのですか。どうですか、田中先生、組むというなら徹底して組もうではありませんか。

この瞬間を境にして、それまで強硬な姿勢を崩さなかった周恩来の態度は軟化し、日本側も譲歩。困難と思われた日中国交回復交渉は成功に向かう。周恩来の態度の変化はもちろん毛沢東の指令によるものである。そして以後、中国共産党政権は田中を日本における最大の親中国派の政治家としてその死にいたるまで評価し扱うことになる。毛沢東と田中が取り決めたのは、日中関係史上、はじめてのものと言っていい「日中同盟」だったのである。

日本という隣国をいかに手なずけ、自分たちの利益に合致する行動をしてくれる国にするかが、近代中国の最大の難問だったことは本書がすでに多くの紙幅を費やしてきたことである。

大アジア主義演説や「日本＝番犬」論を言った孫文は失敗した。蔣介石が日本の取り込みに成功するのは台湾政権になってからで、あまりに遅すぎた。汪兆銘も宋教仁も日本を利用する以前に、自国での支配的地位を得ることができなかった。しかし毛沢東は、ついにそれに成功したのである。

毛沢東はいきなり「日中同盟論」を切り出したのではない。国内の大混乱の中で彼は、日本への民間経済交流や知識人工作で、日本人の対中国感情を時間をかけて巧みに操作することに成功していた。これは中国共産党政権と日本に距離があるからこそできた策だった。

青木氏の著作で触れている通り、田中角栄は石油利権という客観的国益の確保のために日中国交回復を志した。田中が求めたのは「日中資源同盟」に過ぎない。しかし国交回復後の田中のなし崩しの中国寄りの政治言動、中国側からの一方的な利用のされ方をみるに、リアリストとしての田中はこと中国問題に関してはみるみるうちに眼力を失っていったと言える。つまり毛沢東は「日中資源同盟」を日本人にとって「二十世紀悲願の日中同盟」という麻薬的意味に落し込んだのである。その麻薬に田中は見事に「麻痺《まひ》」したのだ。

彼は国交回復交渉のクライマックスのまさにそのときになって、リアリストから遊離してしまう精神状態に陥ったのではないか。毛沢東との会談での「日中同盟」により、日本人である彼自身の中にあった明治維新以来の中国との提携の夢、言い換えれば「教養としての中国」との交わりに酔いしれる精神状態に陥った。そう考えれば、田中角栄こそ、頭山満らに始まる「中国に振り回された近代日本人」の最後に位置する人間だったということになるのではないか。

「日中同盟論」は、日本の側からすればロマン主義的成功であったかもしれないが、毛沢東や中国側からすれば、最大の敵であるソビエトへの牽制《けんせい》の意味以外の何ものでもなかった。そのことはその後の日中関係の推移をみれば明らかである。毛沢東と田中が敷いた日中友好ブームは、一九七八年の日中平和友好条約締結によって極みに達した。

条約締結の際に鄧小平は日本の自衛隊増強や日米安保条約を当然とみなす発言をして日本の世論を驚かせ喜ばせた。この平和友好条約には、ソビエトを共同仮想敵国と想定する覇権条項が中国側の主張により挿入される。石原莞爾や北一輝らが達することのできなかった日本と中国の理想的連携があっさり可能になったように思われた。ソビエト側は日中平和友好条約を「第二次ラパッロ条約」といい、自分たちに向けられた「日中同盟」に激怒した。すでに鬼籍に入っていた毛沢東はあの世でソビエトの激怒を知って、さぞかし満悦したことだろう。彼はついにソビエトという最大敵から共産中国を守りぬいたのである。

しかし一九九〇年代に入り、ソビエトが崩壊を起こし、新生ロシアが混乱と弱体な形でスタートすると、中国にとって日本は「用済み」になる。この時期から反日活動が活発化した。日本人にとって「永遠」と思われた「日中同盟論」は、約二十年の歳月をもって終焉を迎えることになった。「日中同盟論」のこの空無化は、明治以来の日本人の中国とのかかわりに大きな区切りをつけるものだった。

結局のところ、孫文の「番犬」の比喩の通りに中国は日本を操ってきたということになる。その操り方の上手下手があるだけなのが、日本と中国の近代における政治的交わりの本質なのだ、としたら言い過ぎだろうか。「番犬」たらしめようとして成功した唯一の中国人が毛沢東である。そして「番犬」は「用済み」になって、「野良犬」としてしかみられなくなったのが一九九〇年代以降の日中関係の「反日」の姿なのである。

西郷隆盛が言った中国幻想を信じる人間はもはや日本人にはいないであろう。しかしその中国幻想のイデオロギーが、一昔前の一九九〇年代まで通用していたことに私たちは自覚的でなければならない。この書で触れてきた多くの日本人先人の失敗、悲劇をみることで、私たちは中国幻想のいっさいを捨てるゼロ地点に戻って、「教養としての中国」と「現実の中国」を区別する巧妙な生き方を考えていかなければならないのである。

あとがき

徳川家康が大の漢方薬好きだったことはよく知られている。歴史テレビドラマなどでも家康が薬を調合している場面がよく観られる。家康の薬好きは確かな史実で、その知識量は専門家を驚かすほどのものだった。興味深いのは家康は、『本草綱目《ほんぞうこうもく》』などの中国の専門書を熟知しつつ、古来よりの薬草の組みあわせだけでなく、自分で新しいパターンの調合を考えて服用していたと伝えられていることである。たとえば「万病丹」という薬は、伝統処方薬を参考にして家康が自分で考えた漢方薬だった。

巷の健康ブームのせいか、漢方薬の話をする人によく出会う。少なからずの人が漢方薬は中国文化の一部であると言いそれを生み出した中国文化を賞賛する。しかしこうした考えは医学史的にまったく間違っている。漢方薬は日本独自の薬学の総称に他ならないのである。

漢方が中国の文献の模倣だったのはせいぜい鎌倉時代までである。室町時代になると、漢方薬は、日本人に合った形、日本の環境に合った形で独自の発展を遂げ始める。江戸時代には後世方派、古方派、（蘭学との）併用派など、さまざまな漢方学派が出現し、中国の漢方原典にはない処方や調合が多数登場。漢方薬は完全に日本独自の医学の性格を帯びるに至った。

家康の個人処方はそうした漢方の歴史の流れでいうと、ちょうど漢方医学の発展期にさしかかるときのエピソードと言えよう。ちなみに「漢方」というのも「蘭学」「蘭法」に対して考え出された日本独自の分類名である。今日では日本型処方の漢方を中国人が重宝し輸入するということも非常に多くみられる。

この漢方薬の歴史を、本書で述べてきた「教養としての中国」の問題の一つとして考えてみると、なかなか面白いことが言えるのではないだろうか。日本人は中国の薬学事典をもとにして、我が国独自の漢方薬学の世界を長い時間をかけてつくりあげてきた。儒学や老荘思想が日本独自の発展をしてきたこととまったく同じである。ところが日本人の相当数が、漢方薬＝中国文化の産物という錯誤にいまだに陥っている。これも儒学や老荘思想と同じである。薬という身近なもの一つとっても、私たちは自分たちの内面にある「中国」の幻影から自由でいられないのだ。私は詳しくないのだが、料理や食の世界での「中国」の問題はどうなのだろうか。

本書を読んでくださった方は、おそらく「歴史」という次元で「中国」の幻影から解放されて、「教養としての中国」と「現実の中国」を区分することの意味を考えるようになってくださったのではないかと思う。しかし私たちの生活は「歴史」を意識するばかりでは成り立たない。薬や食といった身近なものへの意識も考えなければならない。それほどまでに「中国」の幻影とは根深いものがあるのだ。その根深さは、たとえば冷酷な影佐禎昭が、あっさりと熱烈な親中国派になったエピソードなどで明らかだと思う。本書が単に歴史の書ではなく、日本人の内なる「中国」の根深さへの自省を促すきっかけの書になってくれればこの上なく幸いである。

西尾幹二先生には本書刊行にあたり、心のこもった推薦文をいただき恐縮の限りである。推薦文を書いてくださっただけでなく、日本を代表する論客ばかりが執筆陣に名前を連ねるビジネス社に私のようなものを紹介してくださったのも西尾先生である。先生のお力なくして本書が世に出ることはなかったであろう。

また本書の執筆過程では、中学のときの同級生で心理カウンセラーを営まれている福山奈美さんにひとかたならぬお世話になった。福山さんは中国国内に長期留学した経験があり、北京語に堪能で、中国の現実についても専門家並みに詳しい方である。私の語る生半可な中国についての知識をその都度修正してくださり、そのことが執筆に大きく反映された。またアナログ人間の私のパソコン編集作業をサポートしてくださったのも彼女である。福山さんへの心からの謝意をもって本書を締めくくりたいと思う。

著者略歴
渡辺　望（わたなべ・のぞむ）
1972年群馬県生まれ。早稲田大学大学院法学研究科（刑事法研究室）修了。西尾幹二氏に師事し、雑誌やインターネットで評論活動を展開する。著書に『蔣介石の密使　辻政信』（祥伝社新書）、『国家論』（総和社）などがある。

日本を翻弄《ほんろう》した中国人
中国に騙《だま》された日本人

2014年8月18日　第1刷発行

著書　渡辺　望
発行者　唐津　隆
発行所　株式会社ビジネス社
〒162-0805　東京都新宿区矢来町114番地 神楽坂高橋ビル5階
電話　03(5227)1602　FAX　03(5227)1603
http://www.business-sha.co.jp

〈装丁〉上田　晃郷
〈本文DTP〉エムアンドケイ
印刷・製本／株式会社廣済堂
〈編集担当〉本田　朋子　〈営業担当〉山口　健志

ISBN978-4-8284-1765-3